八十路を越えて

田浦直

長崎文献社

カバーデザイン　山本　美子

はじめに

本書は郷土誌『ら・めえる』（年二回刊）に第七十八号（二〇一九年五月一日発行）から十回にわたり連載したものに新たに加筆、修正したものです。

三部構成にしています。第一部「私の生きがい」には、私の人生に思慮と彩《いろど》りをもたらしてくれた物事を書いています。第二部「選挙と政治」には、政治家としての私が体験してきたことの中で表に出ていない話をありのまま書きました。身近に感じられるようにすべて実名にしています。また第二部の各章の間には見開きページで私と編集者との対話を載せています。そして第三部は参議院の各委員会での会議録です。国会議員の中で唯一の被爆者として、私は被爆地域是正問題を真正面に掲げて取り組みました。細部にわたって採録していますので、国とのやり取りの様子を当時の息づかいのままお伝えできると思います。

八十八年も生きていると、そろそろ自分の身の仕舞い方などについてもいろいろと思います。それについても編集者と対話しました。第三部のあとに「八十路を越えて米寿となって」と題して今の心境を述べています。人生の最終局面に至った私の思いをお読みいただければ幸いです。

長崎新聞インタビュー　2024（令和６）年10月９日掲載　88歳

長崎県議会議員選挙に初挑戦　1975（昭和50）年　38歳

第41回全国植樹祭　皇后陛下の介添え役　1990（平成２）年　53歳

参議院本会議で防衛外交委員長報告　2006（平成18）年　69歳

八十路を越えて —— 目次

はじめに …… 3
巻頭口絵
第一部「私の生きがい」
一、生と死 …… 13
二、文学青年 …… 23
三、囲碁交遊 …… 37
四、ラグビー讃歌 …… 55
第二部「選挙と政治」
一、選挙初挑戦 …… 73
①インタビュー …… 94
二、衆議院議員選挙 …… 97
②インタビュー …… 113
三、参議院議員選挙 …… 117
③インタビュー …… 134

四、新進党から自民党へ……139
④インタビュー……155
五、原爆の申し子……159
⑤インタビュー……181
六、最後の戦い、郵政法案……185
⑥インタビュー……203

第三部　「国会質疑」
一、第134回国会　参議院　厚生委員会　第1号
1995（平成七）年10月31日……209
二、第149回国会　参議院　国民福祉委員会　第1号
2000（平成十二）年8月9日……232
三、第149回国会　参議院　決算委員会　閉会後第2号
2000（平成十二）年8月30日……246
四、第160回国会　参議院　厚生労働委員会　第1号
2004（平成十六）年8月5日……284
八十路を越えて米寿になって……307
おわりに……313

第一部　「私の生きがい」

一、生と死

私は一九三七（昭和十二）年生まれだから、今年二〇一七（平成二十九）年四月五日の誕生日で満八十歳になった。まさに驚きである。

幼い時から虚弱な体質で、母が心配して消化の良さそうなものばかり食べさせてくれた。高校時代に海水浴へ同級生と行った時の写真を見ると、私だけ痩せた身体に胸のアバラがくっきり浮き出ている。たしかに小さい時からよく病院通いをした。その頃流行っていたトラコーマで思案橋にあった佐藤眼科、中耳炎で出島の海江田耳鼻科に三年間通院、岩永外科（十善会病院の前身）に腕の骨折、臀部の大やけど等々。医学部卒業後の進路を決める際、それほど体力を必要としない皮膚科を選んだのも体が弱いからという理由が大きく、皮膚科同門会誌に精神科と産婦人科以外はみんなお世話になったと書いたことがある。

大学時代は中心性網膜炎で大学病院に三か月入院。失明を心配されたが左眼下半分の失明で収まった。インターン時代の慢性腎炎については後に詳しく書くが、十一か月の入院生活を送った。

そのころ、自分は三十までは生きないだろうなと自分自身、妙に納得していた。そんな私が何と満八十歳の誕生日を迎えたのだから驚きとしか言いようがないのである。

長生きをすれば誰しも死に直面した経験は一つや二つはあると思う。私にも生死まさにどちらに転んでもおかしくないという体験が幾つかある。いま考えるとその対応が医師としては大いに問われるもので、自戒を込めてそれを書き残したい。

医学部を卒業すると、当時インターンと称する研修制度があった。一年間どこかの総合病院で臨床を体験し、それが終了すると医師国家試験を受ける資格が出来る。つまりインターン生は医師の卵であるが医師の資格は有していないので身分的には宙ぶらりんの存在であった。ただひとつ良いことは研修する病院を全国どこでも自分で決めることが出来ることだった。

私は小、中、高校、大学とすべて地元の学校に通い、これまで一度も長崎を離れたことがなかった。そこでこのインターン制度をいいチャンスと捉え、東京警察病院での研修を希望、初めて東京で生活することになった。なんと飛行機に乗ったのもこの時が初めてだったが、小さい時に中耳炎を患ったせいか飛行機が下降し始めると耳が痛くてたまらなかったのを記憶している。

東京警察病院は当時飯田橋にあったが、病院の近くに間借りし、初めてあこがれていた一人暮らしを始めた。全国からインターン生が十数人集まり、病院は給与月三千円を支給した。

　東京での生活は初めてだったのでなんでも珍しく、暇を作っては都内観光に歩き回り、酒は飲まないので夜はインターン生とマージャン、また当時若者が集まっていた歌声喫茶「ともしび」「ＡＣＢ」などに足繁く通った。このころ盛んに歌われていたのはロシア民謡で、ともしび、カチューシャ、黒い瞳など懐かしく、今でもよく口ずさむ。同僚のインターン生と富士山に登ったのも思い出で、一年たてば長崎に帰るつもりだったから二度と富士山に登る機会はないだろうと、その日に二回五合目から頂上まで登り降りした。二回目の下山途中、夕日の中に珍しい影富士が見られる幸運に出会った。

　日々楽しい東京生活だったが良いことは続かないものだ。警察病院で外科回りをしていたある日、手術の前立ちをするように言われた。手術医の前に立ってしばらく助手の務めをしていると身体がだんだんだるくなり、足が震えだした。おそらく顔色もよほど悪かったのだろう、その場からただちに入院ということになった。

　検査の結果、慢性腎炎という診断名がついた。当時腎炎の治療は確たるものはなく安静と減塩が主流だった。したがって治療は、病室で一日中安静に寝ていること、食事の塩分を○グラムにするということから始まった。この塩分○グラムという制限食は、醤油、塩などの調味料は使わず煮魚も水だけで料理されているので、さすがに食欲は湧かなかった。食塩三グラムに引き上げられた時どんな料理が出てくるのかと期待していたら、食事の内容は今までと変わることなく、小さなビニールに入った食塩一グラムの醤油が三個食膳に添えられていて、その三個の醤油を使って一日三食の無塩食を食べるというだけのことだった。しかしこの制限食を経験したおかげで私の舌は今も味に敏感で、塩分、糖分などの調味料は少量で十分まかなえられる。

私は慢性腎炎の診断を受けてから病気の程度がどれほどのものなのか確かめたくてうずうずしていた。当時腎臓検査ではまず尿中にどれほどタンパク質が出ているかを調べるのが最初の検査で、ズルフォサリチル酸という試薬を試験管中の尿に落とし、白濁の程度を診るのが基本だった。そこで入院させられた数日後の夜、私はこっそり一人で病院の検査室に忍び込んだ。そこで試験管に自分の尿を取り、その中にズルフォサリチル酸を一滴落とした。瞬間愕然とした。尿は見る見る白濁してまるで豆腐のように固まったのだ。他人の尿は幾度か検査したことはあるが、こんな経験は一度もなかった。私は呆然として体から力が抜けた。これは良い悪いというレベルではない、私の腎臓は最悪でおそらく助かる見込みはないと思い込み、すっかり絶望してしまっていた。今思えば医師の卵としてなんと情けない気力だったのだろう。このざまでは医師として患者を勇気づけるなど、そんな資格はどこにもない。

悶々として過ごしていたある日、長崎から上京したついでにと医学部の同級生の姉さんが見舞いに来てくれた。私はベッドに寝ていたが上から覗き込んだその姉さんの顔色がさっと変わった。ああ、この人は私が助からない、と見て取ったのだとその表情から私は察した。その一瞬、何としてでも生きたいという生への執念が胸を突き上げた。たとえ目が見えなくなっても、キンタマをなくしても俺は生きたい、死にたくないという本能の叫びだった。

それから十一か月、私は必死の闘病生活の末、退院するまでこぎつけることが出来た。あのお姉さんの見舞いはなんだったのだろう、きっともうしばらくお前を生かしてやろうという神の使いだったのかも知れない。

二つ目の生死にかかる記憶は三十五歳の時に起こした自動車事故。

夏の夕方浜口の麻雀屋で遊んで、三原の自宅に帰ろうとその頃乗っていたミニクーパーを運転していた。少し行くと大学病院玄関と浦上天主堂方向に分かれる三叉路があるが、そこを天主堂の方にハンドルを切った。そのカーブは歩道と車道との境が十センチほどのコンクリートで仕切られていて、左にハンドルを切ったとたんその仕切りにタイヤが当たったらしく、はずみで車が飛んだ。本当に宙を飛んだのだ。自分には何が何だかわからないのに車は反対車線を越え、向こう側の歩道に向かっていく。そこには直径五十センチを超えるコンクリート製の電柱が立っていて、その電柱に向かって真っすぐに飛んで行く。時間にしてわずか一、二秒だろう。私はただ座席に座っているだけでまったく手の打ちようがない。ハンドルも利かない、ブレーキも利かない。

不思議なもので飛んでいるあいだ私には恐怖感はなく、人はこのようにして死ぬのか、死とはなんと簡単なものなのかと、その短い時間に観念し死を受け入れていた。

車は見事に電柱の真ん中に正面からぶつかった。その電柱が私の座っている運転席まで食い込んだ。その瞬間意識はあった。即死は免れたのだと分かった。人々が駆けつけてきたが、その中に制服を着た二人の警官が見えた。たった今事故を起こしたのにどうしてこんなに早く警官が駆け付けるのかとうつろな頭で考えていた。その警官が開かないドアをこじ開けてくれたのは良かったが、運転席に電柱を抱えるようにして座っている私を見ながらもなかなか引っ張り出そうとしない。出血し頭に大きな瘤を作って座っている私をなぜ助け出そうとしないのか。やおら警官は車内の臭いを嗅ぎ出した。てっきり飲酒運転と考えているのだ。私は酒を嗜まないのでもちろんこの日も一滴も飲んでいない。飲酒運転ではないと判断すると警官達は打って変わって親切になった。後で聞いた話だが、別件でちょうどここに張り込んでいたところに私の車が飛び込んだらしい。

即死は免れたものの大きな瘤を作り、出血しているのは強い打撃を頭に受けた証しにほかならないはず、とすれば脳の血管も切れて時間が経てば症状がじわじわ出てくるのではないだろうか。医師として私はそう考えていた。にもかかわらず病院にはかからないで誰とも相談することもなく、一人自宅でなんらかの症状が出るのか出ないのか自分の脳の様子をじっと観察しているのだった。今考えると何と危険な判断だったのだろう。それから三日経ってなんら脳症状が出ないのを確認、初めて命拾いをしたと愁眉を開いた。

しかし助かったからよかったものの、本来なら当然救急車で病院に行き検査を受けるべきで、もし脳出血が起こっていたなら助かる命も助からなかっただろう。今振り返れば医師としてはあるまじき行為と批判されてしかるべきだ。

この時警官のひとりが感心したようにつぶやいた言葉を今も覚えている。

「さすがにミニだな、これが軽だったら百パーセントアウトだったな」

この事故を振り返れば、いくつかの幸運も重なっている。脳出血がなかったことが一番だが、ミニクーパーが前輪駆動車で前部が強かったこと、対向車線に車が走っていなかったこと、ぶつかった電柱が大きなコンクリートで折れなかったため、後ろにある民家に車が突入するのを防いでくれたこと等々。ただし医師としてはその時の対応は大いに反省すべきものがある。

次は四十六歳の参議院議員選挙の時。

昭和五十八（一九八三）年、県議会議員二期目で自民党から参議院議員選挙に名乗りを上げた。当時長崎県は自民党王国で、自民党公認即参議院議員の時代だったので、選挙より公認争いが激しかった。相手は佐世保市農協長で田中派に支持されていた。

自民党長崎県連の選挙対策委員会では私が圧倒的な票差で推薦を受けたが、党本部の公認争いはもつれにもつれた〔拙著『ルブルム先生奮戦記』（長崎文献社）に詳しい〕。党本部では田中派がえんえんと長崎県連の推薦を覆すため権謀術策と駆け引きを続けた。当時田中派は百人以上の国会議員を抱え国政において絶大な権力を握っていた。橋本、大平、中曽根、小渕など歴代総理を指名して誕生させる権力を有していた。その派閥の力を維持するため総力を挙げていて派閥議員を増やしていたのだった。

党本部公認問題が自民党各派閥、地元国会議員、県市医師会、日本医師会、農協、農政

連などあらゆる組織を巻き込み私の頭越しに複雑な工作が行われ、私にはなにがどう動いているのかさっぱり呑み込めない状況が延々と続いた。マスコミは田中派対非田中派、医師会対農協の戦いと大きく取り上げ煽った。いろんな不確定な情報が交錯する中、私はどう対応すればいいのか判断しようがなく、ひとりで悩み、そのため極度の疲労と睡眠不足に陥った。困ったことに鼻血が頻繁に出るようになり寝ているときでも頭を不用意に動かすと鼻血が出る。鼻血がのどを通るとむせて目が覚める。再三なのでのどを流れているのが唾液か血液か感覚で分かるようになった。にもかかわらず公認争いの最中なので表面平然を装おい、遂には心臓の期外収縮が頻発するようになり、いつ倒れてもおかしくないと自分で自覚する状態になった。

自民党本部の公認争いはもつれにもつれ長崎県の公認は全都道府県最後となった。それでも決まらずついに参議院議員選挙告示の二日前、もう延ばせないと幹事長一任ということでようやく決着した。田中派の大番頭だった二階堂進自民党幹事長は当然田中派の農協長を公認した。正直なところ公認争いは敗れたが命だけは取止めたというのがその時の私の偽らざる感想だった。

鼻血が頻発したのはストレスで血圧が上昇したのを、自ら瀉血してくれていたのではなかったろうか。私は医師でありながらこの間血圧ひとつ計らず誰の診察も受けず、無論何の治療もしなかった。鼻血であれだけ身体が警告してくれているのに血圧を全く思いつかなかったのは医師失格と間違いなく言える。

医師ともあろうものが無謀な行動でまさに死の淵を歩いたのに、私を救ってくれたのはただただ神の思し召し以外は考えられない。

それにしても人生は「塞翁が馬」。この時当選した農協長は次回の参議院議員選挙で土井たか子ブームに巻き込まれ自民党惨敗の中で落選、その数年後にはあれだけ権力を誇った田中派が分裂。その田中派を飛び出した羽田孜、小沢一郎氏らが作った新進党に請われて私は参議院議員選挙に出馬。かつて宿敵として戦った田中派のメンバーから応援を受け初当選。後ほど詳しく書きたいと思うが何とも不思議な因縁である。

生と死を重ね重ねて八十路越え　直

二、文学青年

終戦後まだ世の中が混乱していた時代、私の家は湊公園から海星学園にあがる十人町の坂段の途中にあって、活水学院に近かったので活水学園の女学生がひとり下宿していた。実家はどこなのか知らないのだが彼女は帰省するたび子供だった私に絵本を土産に持ってきてくれた。当時絵本は簡単に手に入るものではなく、私にはそれはそれは嬉しいものだった。今思えばこれが私を文学の世界に誘い込んだ原点のような気がする。

私は男ばかり四人兄弟の末っ子で、長兄とは齢が十七歳も違っていたが、早稲田の文学部出身なので自宅の本棚には文学書がぎっしりと詰まっていた。それらの本は小学生の私には難しかったけれども手あたりしだい読んだ。読むというより活字を追っていたというべきか。

赤い表紙の日本文学全集が麗々しく本棚に並んでいたのを今でも覚えているが、その他幸田露伴の『五重塔』、岡本綺堂の『半七捕物帳』、『猫やなぎ』という随筆集、平山蘆江の地元長崎を題材にした本などが記憶にある。共産党の山本宣治論文集というものも読んだ。無論小学生の私に内容が理解できるはずがないが、とにかく活字に飢えていた。

大学時代は当時学生に愛読されていた芥川龍之介や太宰治など無論だが、夏目漱石、島崎藤村、三島由紀夫などなど節操もなく手あたりしだい読んだ。私の読書はただ片っ端から乱読するので、それらの作品に感化されるとか、特定の作者に傾倒するとかはなかったが、そのころの流行り言葉、〝頽青白き文学青年〟のひとりと自負していた。運動もしないし日にも当たらないで家にこもって、世俗から離れて朝から夜まで本を読む。買うのはきまって岩波の文庫本で安いのが魅力だった。角川という出版社も文庫本を出すというので私はそれなら角川文庫を全部読もうと決めた。当初は出版される本に読むのは追いついていたが、次第に出版数が増えていき遂には追い切れなくなった。

その後探偵小説に取りつかれた。外国の探偵小説の名作が創元社という出版社から文庫本で出され、私はまたそれの全冊読破に挑戦した。洋の東西を問わず探偵小説を読みまくったが最後に行き着いたのが江戸川乱歩だった。

最初は本格ものの短編探偵小説に引き付けられたのだが、中学生のとき明智小五郎もの、少年探偵団、怪人二十面相など全集をひと夏かけて県立図書館に通い、読みつくした。その挙句に私は江戸川乱歩賞へ挑戦しようと志した。

そのころ探偵小説は本格物が主流で、犯人の確固たるアリバイを名探偵が少しずつ崩していくのだが、乱歩賞を取るためには今まで使われていないトリックを考え出す必要がある。密室、時刻表、医学を利用したトリックなど大学時代を通して何かあっと言わせるトリックはないかと考え続けたが、ついにこれというトリックを考え出せなかった。現代のサスペンスのように社会的な要素が主流でなく、読者を出し抜くようなトリックがなければ探偵小説は成り立たない時代だったので、私の江戸川乱歩賞挑戦は入り口であえなく終わった。

私が四十五歳のとき、海星学園の教師、卒業生が集まって、海星ペンクラブが設立され、その会報誌として『ら・めえる』という雑誌を発行した。発行人橋本白杜、編集団龍美、装丁中尾勇次郎というスタッフで、海星健児が長崎文学界に一石を投じたのだった。

私も海星中学出身なので当初から参加した。初めて短編小説を『ら・めえる』誌に投稿、小説を書くという楽しみを初めて味わうことが出来た。ちなみにら・めえるとは、フランス語で海を意味し、授業でフランス語を教えていた海星学園らしくいい雑誌名だと思う。

橋本先生が四年間、第十号まで発行した時、健康上の理由から発行人を降りられ、代わりを私にやってほしいと頼まれた。私は本を読んだり書いたりするのは好きだったが、雑誌の発行などこれまで関わったことがなかったので自信はなかったが恩師の頼みだから否応はなく、私も引き受けたら少なくとも橋本先生が出版された同じ号数は出さねばと責任を感じていた。

海星ペンクラブには文学愛好者が集まっていて、写真家としても知られていた団龍美氏、郷土誌に詳しい広田助利、英語の教授新名規明氏らが実際の『ら・めえる』編集を次々に引き受けてくれ、今日まで四十二年間、八十八号まで発行し続けることが出来た。

私は作品に創作ものを増やしたいと考えていて、創立十周年目に笹沢左保氏に審査委員長をお願いし、「ら・めえる文学賞」を創立した。これはひぐち企業グループ（社長樋口謹之助）がスポンサーとなってくれ実現したのだが、樋口氏も海星学園の同窓会長で快く応じていただいた。

もう一つ私が行ったのは、『ら・めえる』誌が将来の長崎の文学界に広く貢献出来るようにと願いを込めて、海星ペンクラブを長崎ペンクラブと改名させてもらった。海星の卒業の先輩方からはおしかりを受けるかと心配したが、逆に了解し協力してもらった。

私は『ら・めえる』誌に投稿していた短編小説四編を、『ルブルム先生喜怒哀楽』（耕文舎）という題名で本にした。これが私の処女作となった。

『ら・めえる』誌は私に小説を書く意欲を持たせ、医師、議員として活動していた時期も私が文学から離れない役割を果たしてくれ、逆にそれらの体験は私の小説の題材として活用することが出来た。

参議院議員として東京で生活するようになってゴルフはきっぱりやめた。長崎と違いゴルフ場が遠くて行くのに不便なだけでなく、ゴルフ場の料金も格段に高かった。代わりにその分日頃歩くように心がけた。

宿舎から議員会館まで通うのに二十分ぐらい、さらに議員会館から国会までは地下道があり歩いて十分で行けるのにもかかわらずその移動にすら黒の大型車で通う国会議員が多いのは驚きだったが、国の最高決定機関である国会に行くのだという重みもあったのだろう。ただ私は健康のためと考え歩く方を優先させた。

二〇〇六（平成十八）年四月十八日、たまたま日本橋近くで会議があり、その足で日本橋に立ち寄ると橋の中央に、日本のすべての道路はここから始まるという標識、「日本国道路元標」が目に入った。それを眺めているうち東海道最初の宿場、品川宿まで歩いてみようかとふと思いたった。そのまま革靴で歩き始め、京橋、銀座、新橋など東京ならではの繁華街を通り抜け、品川宿までの七、八キロを二時間足らずで歩き通した。こんな簡単なら東海度五十三次全行程に挑戦してみようか、来年七月の任期いっぱいで参議院議員を辞めると心に決めていたので、東京在住の記念にもなる。そんなことでこの日が東海道五十三次踏破の私の記念すべき初日になった。

雑踏の旧街道に柳かな　　直

私は元来俳句など作ったことはないけれども、東海道は街道沿いに芭蕉、西行などの俳句、短歌の記念碑が多くみられ、私もその刺激を受けて見よう見まねで俳句(もどき)を作ってみた。この句は京橋付近の繁華街に柳を見つけた時に詠んだもので、お粗末ながら私の東海道道中の第一作である。

箱根の山中で旧街道を一人心細く歩いた時の句。

薄暗き古道の石は苔むして　　直

苔は季語と思っていたが季語ではないと後から教えられた。この句を読むとうっそうとした箱根旧道の石畳が頭に浮かんでくる。自分では良い句だと思っていたのだが。

いったい俳句とはなんだろう。私にとっては自分自身の心のメモ、その時々の気持ちを五，七，五に合わせて記録するメモ。

この東海道の旅では十一句作ったが、今読んでもその時の情景が心に浮かび上がってくる。だから心のメモ。

東海道を歩く楽しみの一つは街道沿いに富士山を眺めること。ただ実際に歩いてみて分かったのだが、富士山はなかなか顔を見せてくれない。場所や天候のみならず、スモッグのようなものが富士山を遮っている日が予想外に多いのである。そんな中で掛川宿から見附宿に向かっていた十一月四日、頂上に雪をかぶった美しい富士山を垣間見ることが出来た。まさに感激の一瞬だった。

あかね空冠雪の富士気高くて　　直

自慢になり恐縮だが、この句は長崎県俳句協会長、村山のぼる氏から平成二十四年一月五日の長崎新聞〝きょうの一句〟に取り上げて頂いた。

解説に、〈『ただもくもくと（議員が歩いた五十三次）』より。忙中、古希の一人旅日記。

平易な文章に氏の敬愛する西行、芭蕉、去来の歌句、来歴が随所に配されている。東海道中の見附宿で感銘した富士山の美〜とある。簡潔にして実に要を得た文章に感服したが、私は事前に何も聞いていなかったので新聞を手に取って、びっくりするやらうれしいやらの正月だった。

西行、芭蕉、去来に私の思いを一言書き加えれば、

西行のすごいのは、

願わくば花のもとにて春死なむ　その如月の望月の頃

五十代に自分の読んだ歌通り、二月満開の桜の下で七十三歳の生涯を終えたということ。まさに神がかり。

芭蕉について言えば、死亡した大坂の宿から地縁血縁のない大津の義仲寺まで遺体は船で運ばれ、木曽義仲の横に埋葬してもらったこと。芭蕉の義仲への思いの深さには驚いた。義仲は本当に粗暴な武士だったのでしょうか、改めて考えさせられた。

郷土長崎の俳人去来。紅葉狩りで雑踏する嵐山の神社仏閣から、わずかにそれた田園にある去来の鄙びた落柿舎。絶対におすすめの場所だ。ここの縁台に腰かけて一句ひねるの

は長崎の俳人にとっては最高だと思う。

　ちなみに私の句。

　　落柿舎や　陽に映え柿の　残りたる　　直

句の出来より落柿舎の雰囲気を味わっていただきたい。

　東海道五十三次踏破は順調に進み、翌年の二〇〇七（平成十九）年三月三日には四十七番目の宿場、坂下宿までたどり着いた。この調子では四月五日の私の七十歳の誕生日までには終着、三条大橋まで行けるのではないかと満を持していたが、思いもよらない困ったことが起こった。

　三月の参議院の異動で私は参議院の外交防衛委員長に指名されたのだった。全く想定外だった。外交、防衛という分野は私には全くの畑違いで、参議院議員十二年間、一度もその委員会にさえ所属したことはない。その上この委員会は与野党対立の沖縄防衛予算が計上されていて難航するのは必至だった。

　東京在住十二年間の最後の大仕事、と私なりに位置づけしていた東海道五十三次完全踏破は無くなったと観念せざるを得なかった。

案の定この委員会は沖縄防衛予算で与野党もめにもめ全く収拾のめどがつかず、日米の外交防衛上この法案は是非とも成立させねばならないという自民党の指揮指導のもと強行採決に踏み切ったのだった。

委員長の私は揉みくちゃにされその情けない姿はテレビでも放映され、ご覧になった方もおられるでしょう。

ようやく難題を処理した私は気を取り直し、これまでの後れを取りもどすべく東海道踏破を再開した。当初予定の四月五日、私の七十歳の誕生日はとっくに過ぎてしまっていた。この年の七月は参議院議員選挙が公示されたが、その日私は東海道五十二番目の宿場、草津宿の駅前のホテルに宿泊していた。この地区の立候補者が朝早く駅の通勤客に向かって街頭演説を行っているのを聞きながら、私もこの選挙で改選される一人だったのだが立候補を辞退したのでこうして五十三次を歩いている。選挙に出ていれば今頃私も長崎で同様のことをやっているのかと感慨に浸った。

最後の宿場大津宿から三条大橋までは家内と長男が同行してくれ、大橋の上では娘、孫など家族が勢ぞろいでのぼりを持って東海道五十三次踏破達成を祝ってくれた。その夜全員そろって祇園で打ち上げをしたのは言うまでもない。
思えば二〇〇六（平成十八）年四月十八日、ふとした思い付きで日本橋から品川宿まで歩いたのがきっかけで、一年三か月かけて三条大橋に到達、とうとう東海道五十三次を踏破した。
この二〇〇七（平成十九）年七月二十八日の最後の日は、くしくも私の参議院議員任期の最後日だった。
歩行総時間、百五十九時間十八分
歩行総数、七十七万千四百四十二歩
一日平均、四時間四十一分、二万二千六百八十九歩
がその総集計。
その東海道五三次の紀行文を『ら・めえる』誌に連載し、『ただもくもくと』という題名で長崎新聞社から出版した。
この題名は七月の真っ盛りに石部宿から草津宿の長い畑道を歩いた時に、

夏の陽をただもくもくと東海道　　直

と詠んだ句からとった。茂木出身の前田斎画伯の絵も評判が良く、『ただもくもくと』に華を添えてもらった。

二期十二年で参議院議員を辞めようと思ったのは、仕事が不規則で激務である上に毎日選挙活動に追われ、慢性腎炎の既往があるせいか私は人より疲れやすく、七十歳での次の選挙は身体がもつかどうか自信がなかったこともある。私の兄弟三人はみんな七十代で亡くなっているので次の選挙に当選したとしてもほぼその任期で私の寿命が尽きる可能性は高いとも思った。

七十歳からの十年、私にとって最後の十年とすればそれが選挙と政治に追われて終わるのは空しいではないか。私は二期目の当選祝いの夜、その最後の十年は自分自身のために使いたいと熟慮の末決断し、次の選挙は出ないと決めたのだった。

参議院議員を辞め東京から長崎に里帰りし、いよいよわが人生の最後の最後だと気持ちを新たにした。

まず第一歩として小説を書くことから始めた。資料を集め関係者の話を聞き、七十二歳になって本格的に長編小説書きをスタートさせたのである。

初めの予定では百枚ぐらいの小説を何編か書き、それにつながりを持たせると長編小説になるのではないかと安易に考えていたのだが、実際にはどうにもうまく筆が進まない。二年間試行錯誤の繰り返しを続けた。五年ぐらいはと覚悟していたので、めげずに書いたり消したりしていると、ある日小説の主人公が私の意志と関係なく一人歩きするのを体験した。そのまま追っていくと思わぬストーリーが出来上がっていった。なるほどこれがコツなのかもしれないと筆が進み始めた。小説は筆に任せるのが良いのだ。

こうして四年がかりで原稿用紙四五〇枚の『ルブルム先生奮戦記』が出来上がった。七十六歳の時である。

私にとっては最初でそしておそらく最後の長編小説になるだろうが、出来はともかくこの小説には頬青白き文学青年の夢が込められていると知ってもらえば有難い。

八十路越え　文学青年　目を覚ます　　直

三、囲碁交遊

囲碁でつながる縁を碁縁というそうだが、囲碁を通じて多くの人と出会い、趣味の域を超えて私の人生を作ってくれた。

白石と黒石を交代に打って、囲った地の大きさを競いあうという実に単純なルールだが、単純なだけ奥行きが深く上達すればするほど面白くなる。米寿を超えた現在でも私が囲碁に精進を重ねているのはそこにある。

私の囲碁との出会いは中学生時代。近所の歯科医が碁を打っているのを見てなんとなくルールは覚えた。そして大学生時代、家の近くに碁会所ができ、私はそこの常連になった。

その碁会所の席主、深堀房雄氏はアマ本因坊戦で全国三位になったほどの経歴があり、日本棋院の地方棋士にもなった人で、当時の長崎の強豪、藤原正次氏、内田聡明氏、鮫島隆郎氏、大学の門衛をしていた大石芳夫氏などが集まってきてよく碁盤を囲んでいた。私もこれら碁の先輩と深堀碁会所で顔見知りになり、碁の相手をしてもらったが棋力はまだまだ及びもつかなかった。

しかし凝り性な私は次第に囲碁の面白みにはまっていき、朝、大学に行く前に深堀先生に一局教わり、夕方からは深堀碁会所で来客の相手をするのが日課になった。

深堀先生には井目から教わり、井目（九目）を抜けるのに半年もかかった。先生は辛抱強く付き合ってくれたが、私も辛抱強く辞めなかった。井目を抜けてからは順調に石数が減っていったが、四目から三目になるのにまた半年かかった。こんな調子だったから碁の才能が豊かだったとはとても言えない。

しかしこのころ県下の囲碁大会で優勝して四段の免状をもらった覚えがあるので、そこそこ打てるようになってはいたと思う。

このころの思い出は、毎年正月二日に私の自宅で新年会を兼ねて碁会を催し楽しんだことである。先に述べた深堀先生、藤原、内田さんなどをはじめ長崎の碁打ちが三十人ほど集まり、また医師会の内科医の古川淳一郎先生、小児科医の浜口博昭先生、島原の眼科医中村隆平先生などからこの碁会を手伝ってもらい盛り上げて頂いた。この碁会は十八年間続いた。

ただ残念なことは、大学を卒業して医師になると俄然仕事と研究が忙しくなり、本格的な囲碁の勉強から遠ざかるを得なくなったことだ。碁は好きだから打つのは続けていたが、それは単なる遊び碁で腕が上がる代物ではなかった。さらに県議会議員も二十年続けたので三十年余りが囲碁のブランク期間になった。

五十八歳の時の参議員選挙勝利は人生最高の喜びだったが、私の胸にはもう一つ、東京に行けば囲碁を本格的に勉強できるというひそかな期待があった。

参議院議員の宿舎は東京の夜の繁華街赤坂のすぐそばにあったが、私は十二年間そこに住んで馴染みの店一つ出来なかった。私にとって東京に住めるというのは囲碁の勉強にまたとない機会と考え、麻雀もゴルフもぴたりと止め囲碁一本に徹した。

市ヶ谷の日本棋院に行くと、毎日昼晩プロ棋士が当番で指導碁を打ってくれていたので、国会の暇を見てはせっせと通った。そのうちに顔なじみになったプロ棋士も何人かできたが、その中で沖縄出身の棋士、時本壱八段にも何回か指導碁を打ってもらった。時本八段はプロ仲間でも早打ちで有名な棋士だが、ある日時本八段は私に佐々木修先生を紹介してくれた。

佐々木修先生は当時アマチュア屈指の打ち手として知られていたが、若い時は懸賞打ち(賭け碁師)をやっていたらしく力がすごく強いと言われていた。今は新宿の碁会所「秀策」をねぐらにしているらしく、いつも奥の日本間に寝そべっていて、院生の子供たちが来るとやおら起き上がって碁盤の前に座って教えていた。

初めて秀策を訪ねた時、新宿歌舞伎町という東京一の繁華街によくも碁会所を作ったものだと驚いたが、席主、桑原青人氏に伺った話では、桑原氏は藤沢秀行棋士と親しくしており、どうせのことなら東京のど真ん中に碁会所を作ろうと声をかけられ、二人で歌舞伎町に碁会所を開いたという。それを桑原氏が五十年守り続けているというのだから、なんとも囲碁に対するすごい心意気である。

それ以来私はこれまでの市ヶ谷日本棋院行きを変えて新宿秀策に通うことにした。さっそく佐々木先生には二子でお願いした。しかし打ち始めてすぐに二子では無理だと分かった。勝負になるような碁にならないのだ。本当は三目おいてもどうかという手合いと感じたが、しかし私は負けても負けても二目で打ってもらった。日本棋院の指導碁と違って、負けたら指導料は取らないという片懸賞だから手合い違いでも本気で打ってくれる。打ってもらうのは一日一局だけ。私は全身全霊をその一局に打ち込む。佐々木先生はただ打ってくれるだけで終わっても何の講釈もされない。私も黙って指導料と席料を払って帰るだけだ。秀策では変わった客だったろうなと今思う。

打ってもらううちに時本八段が佐々木先生を私に紹介されたのは、私の碁に力をつけさせようと考えてくれてのことだろうと察しがついた。

私は佐々木先生の碁に引き込まれ熱心に秀策に通った。結局百局以上打ってもらったが、勝たせてもらったのはわずか二局だけだった。しかしこの時期私の碁にはいくらか力がついたと思う。

こんな風に国会の仕事以外は囲碁三昧だったので、そんな姿が同僚議員でいつしか話題になり、田浦は囲碁が本業で政治は副業、と揶揄されるようになった。

私からすればせっかく東京に来たのだからこんなチャンスはない、もし囲碁の神様が一目上げてくれるならば参議院議員のバッジは返してもいいと本心で思っていた。政治はいずれ辞める時が来るが、碁は生涯の友だから。

これだけ熱心に勉強すれば少し強くなってきたのだろう、平成十年地元長崎新聞社主催の五人抜き戦で見事五人抜きを達成した。この五人抜き戦というのは地元の碁打ちを相手に五連勝しなければならないが、新聞社も抜かせないように四人目、五人目には強い相手をぶつけてくる。三年ぶりの快挙と紙面で紹介された。

五局の中でも最後の一局、武藤和義氏との一戦は私の悪い碁で、観戦記者は私がいつ投げるかと見ていたそうだ。確かにヨセの段階で地が足りないのは自分でも分かっていた。私は心の内で五人抜くのは難しいものなのだなあと半ば諦めかけていたが、必死に考えていると壁に頭をぶつけるような筋の悪い手が目に付いた。どうせ負けならこれにかけてみようと石を壁にぶつけたところ、これが手になって逆転勝利につながった。

五局を振り返っても島原の眼科医中村隆平氏との一局目、十八銀行の武藤氏との五局目は私の完全な負け碁、野母崎町議会議長堀芳光氏との四局目も苦戦の碁で、五人抜くのは運が味方してくれなければ出来ないものだと痛感した。

最後の壁に頭をぶつける手は、囲碁の神様が碁に励んでいる私に褒美として授けてくれたものだろう。

私が参議院議員になったのは五十八歳、政治家としては年齢的に遅すぎると自分でも自覚していて、政界における出世は諦めていた。

ただせっかく国会に籍を置けたのだから、私なりの足跡を何か残したいものだとは考えた。

私は八歳のとき中心地から三・〇キロで原子爆弾に被爆しており、国会議員では唯一の被爆者ではないかと思い、もしそうであれば、唯一の被爆国会議員として名は残るかもしれない。しかし国会活動で足跡を残す可能性があるとすれば、それは囲碁しかないなと思った。

とはいっても国会で囲碁、とは何をどうすればいいのか。

そこで私はまず全衆参国会議員がどれくらい碁に関心があるのか調べてみた。「国会便覧」をめくるとその中に各議員の趣味が載っている。意外というか七百五十人の国会議員中、趣味の欄に囲碁と載せている議員が百人もいた。さらに当時の参議院議会議長、斎藤十朗氏が大の囲碁好きであることが分かった。それで、それからは斉藤議長を頼りに話を進めることが出来るようになり大きな力になった。

囲碁が趣味という全国会議員に囲碁の会を作りませんかと呼びかけ、その結果多くの議員から賛同を得て早速世話人を選び、超党派で国会の中に囲碁の組織を作る運びになった。斉藤十朗議長に会長をお願いし、全会派からそれぞれ副会長を選出、私は事務局長として国会の中に「囲碁文化議員連盟」という会が発足した。

正森成二議員は共産党では屈指の論客として怖れられていたが、囲碁が大好きな方で喜んで副会長を引き受けてくれた。まさに超党派のスタートとなった。

私が参議院議長をはじめ多くの与野党議員に短い期間で親しくなれたのは、まさに囲碁のおかげで今でもその碁縁で付き合いが続いている議員が何人かいる。

囲碁の国会議員連盟が出来たことが内外に知られるようになると、日本棋院からも協力をいただき、プロ棋士の指導碁を受けるようになった。大竹英雄九段、林海峰九段、工藤紀夫九段などがよく私の事務所に来られ、参議院議長室で議長ともども、囲碁の振興について懇談をしたものだ。そのおかげで今でも私と日本棋院との交流は続いている。

その内に国会の親睦だけでなく、他国との交流はできないものかという声があがって、ではまずお隣の韓国からとなった。

当時韓国国会議員の囲碁熱はというと、これが日本とは比較にならないほど盛んで、一も二もなく日韓国会議員による囲碁対抗戦が実現する運びになった。

年一回、相互訪問で選手は七人、団体戦と個人戦を行うこととし、一九九九（平成十一）年、第一回大会がまずソウルで開催された。

情報では韓国国会議員には打ち手が多く、予選までして選手を決めると聞かされていたが、会場の国会議長室に我々が出席すると、マスコミが山のように取材に来てまず驚かされた。日本側はというと七人の選手を集めるのがやっとという有様で、もちろん団体戦は韓国が圧勝した。同時に行われた個人戦ではどういうことか私が優勝ということになった。おそらく日本側にも何か花を持たせようという韓国側の気遣いがあったのだろう。

ともあれ囲碁による国会議員間の国際交流が初めて実現した。

ただ韓国側はこの大会を国会の行事として運営しているのに対し、日本側はあくまでも個々の議員の集まりに過ぎず、したがって日本で大会を受け持つ年は会の運営費の捻出にずいぶんと苦労した。

そのことで安藤武夫七段には大変お世話になったことを思い出す。日本で大会を開催する年、安藤門下生の依田紀基九段、趙善津九段などを引き連れてこられ、指導碁、解説などしていただき開催国としての面目を保つことが出来たのである。

経費の大半は斎藤参議院議長におんぶに抱っこで、日本で三回開催したがおそらく斎藤議長がいなければ費用の調達は出来なかった。論より証拠、斎藤議長が参議院議員を辞められた二〇〇四（平成十六）年からこの対抗戦は行われなくなってしまい、韓国で三回、日本で三回、計六回で途切れてしまった。私も参議院議員を辞め、囲碁文化議員連盟も休止状態になった。

ところが絶えて久しく、思わぬところから再開の火の手が上がった。

韓国との対抗戦が途絶えて十一年目の二〇一五（平成二十七）年、当初の大会から韓国代表として参加されていたウオン元裕哲国会議員が日本に来られ熱心に再開を働きかけられたのだ。当時日本の囲碁文化議員連盟は活動が鈍っていてすぐには対応できなかったようだが、あまりの元議員の熱心さにほだされ遂に再開される段取りになった。

これが囲碁の持つ魅力だろうか、思わぬところから思わぬことが起こるものだと私は感激した。それにしても元議員の囲碁に対する一方ならぬ情熱には頭が下がる。

再開後初の大会は日韓国交正常化五十周年記念の囲碁交流として、韓国国会で盛大に催された。

私は現職国会議員ではなかったが招待され選手として出席した。思いもよらぬことにその席上、私は韓日親交賞として曺薫鉉（チョ・フンヒョン）国手のサイン入り碁盤を頂いた。十一年もたっているのに韓国は私のことを覚えてくれていたのかと涙がにじんだ。

この日韓対抗戦はやがて中国も参加することになり、二〇一八（平成三十）年に韓国で日中韓三国による対抗戦が開かれ、その大会にも私は選手として出席した。

三国のうち韓国、中国のこの大会への力の入れようは並みのものではなく、中国の主将は聶衛平時代のプロ棋士、韓国の主将は元韓国棋院院生と、それだけでもチームの強さが分かるというもの。それに比べると日本は囲碁人口が減り国会議員で碁を打つ人が数えるほどになり、選手をそろえるのに手いっぱいというありさま。棋力にも差がありすぎ対抗戦というのがおこがましいぐらいである。日本側には早急に選手数の確保と棋力の向上を図ることが求められている。

二〇一五（平成二十七）年、日本のアマチュア囲碁界に新しい動きが起こった。緑星会の主宰者菊池康郎氏がアマチュアの囲碁普及のため全日本囲碁協会という組織を発足させたのだ。そこでは日本の囲碁のすそ野を広げようと活動のまず第一に、小中学校教育に囲碁を導入しようと十万人署名運動を始めた。

菊池康郎先生の名前は碁打ちで知らない人はいないだろう、世界アマ、アマチュア本因坊戦など全国大会で二十回以上優勝、主宰されている緑星会からは山下敬吾九段をはじめ数多くのプロ棋士を輩出、私に言わせると、プロ碁の神様を呉清源とすれば菊池先生はアマ碁の神様である。

功成り名遂げた菊池先生が老体を押して署名運動を始められたことに私は感動し、いち早く長崎で署名活動を開始した。

私は長崎の碁打ちに協力をお願いすると同時に、碁会所、ふれあいセンター、公民館などを回り、趣旨を説明し多くの人に賛同を得て署名を集めてもらった。集まった二千五百人分の署名簿をさっそく全日本囲碁協会本部に送ったところ、協会では全国に呼び掛けるのに弾みがついたと大変喜ばれた。この碁縁で私は菊池先生をはじめ洪道場の洪清泉、平岡聡、村上深など協会の若手のメンバーとも親しくなり、皆さんと一緒に韓国のアマ道場にも遠征したり交流を深めたりすることが出来た。

署名運動はついに目標の十万人を突破し、文化庁で菊池先生から文部大臣に提出され、大臣から教育現場において、囲碁導入に協力する言葉を頂いた。

今後も全日本囲碁協会にはアマ囲碁界を大きく引っ張ってもらいたいと期待している。

ここで囲碁の発展のため私から一つ提案がある。中国の聶衛平、韓国の曹薫鉉の両氏はそれぞれの国を代表する囲碁棋士だが、同時に国会議員でもあり、国会の場で囲碁振興のための活躍をされていると聞く。そこで日本でも同様に囲碁界から国会議員を出したらどうだろうか。

やる気になればそんな難しいことではない。先の参議院選挙の比例区でも十三万票で当選している。菊池先生の十万人署名運動も達成できたのだから囲碁界が一つになれば決して不可能ではないと私は思っている。ぜひ日本棋院に本気で考えてもらいたい。

囲碁交流の最後を地元長崎の本田忠氏で締めたいと思う。

参議院議員を辞める少し前、長崎の実業家が子供の囲碁普及に一千万円出してもよいと言っている、ついてはその会の会長を引き受けてほしいと囲碁仲間から相談があった。その実業家が本田忠氏だった。

本田忠さんと言っても長崎では碁打ちを除けばほとんど誰も知らないだろう。私もそれまで知らなかった。

もちろん長崎の碁界にとってこんないい話はないので喜んで引き受けたが、ただ私の本心は半信半疑だった。金持ちはいてもそんな大金を無条件で出す人はまずいない。

しかし本田さんは違っていた。本心から囲碁が好きで囲碁のためには金を惜しまない人だった。

本田さんは長崎の出身で、相場師として関西で大活躍し、その世界では伝説的な人物にもなっている人だった。一九八八(昭和六十三)年には日本一の高額納税者にもなっている。

阪神淡路大震災で芦屋から郷土長崎に戻ったのは一九九五（平成七）年、六十八歳の時だが、長崎に帰ってからは相場の仕事から遊びの囲碁にと、同じ勝負事でも活動の場が変わった。おかげで長崎の囲碁界は金銭的に大いに潤うようになった。子供のためと寄付された一千万円もそうで、その資金で認定ＮＰＯ法人「長崎こども囲碁普及会」が出来上がった。本田さんはその後もこの会に多額の寄付を続けてくれている。

私も二〇〇七（平成十九）年、参議院議員を辞め長崎に戻り、それからは本田さんと囲碁を通じて親睦を深めていった。本田さんは十歳も年上なのに棋力は私とほとんど変らず、それからは碁会所で落ち合っては頻繁に碁盤を囲む間柄になった。

本田さんがプロの相場師と知っていたので、ある日私から「一局一万円でどうでしょうか」と誘ったところ喜んで乗ってこられた。それからは暇さえあれば二人でこのささやかな賭け碁を楽しむことになった。それからだろう私と本田さんとが一層親密になっていったのは。良き碁敵が出来たと私は嬉しかった。

それ以来週に何回かささやかな賭け碁を打ち、勝負がついたら見物の囲碁仲間と連れ立って食事に行き、あれこれ談笑するのがコースになった。

本田さんは、金は出すが口は出さないということは徹していて、一切の役職も嫌い、自分の寄付で出来た「NPO法人長崎囲碁こども普及会」も全く私任せだった。逆に私の方から、顧問とか名誉会長、本田杯などの提案をしたが全然受け付けてもらえなかった。

十年以上この関係は続き賭け碁は何局打ったか分らないが、本田さんに感心したのは高齢にもかかわらずしっかりと目算し、負けると本気で悔しがった。金額は些細なものだが、負けるというのが我慢ならないのだろう。そこに本田さんの相場師としての根性を私は見た。

長崎囲碁団体戦も本田さんの肝いりで出来た。初心者でも高段者でも参加でき、誰もが優勝できる碁会を作ろうと提案されたのが本田さんで、出来上がったのがこの団体戦。この大会は長崎の碁打ちに広く支持され、五百人以上参加する長崎随一の碁会となった。

本田さんも自ら賞金を出していくつか碁会を催し、長崎の碁会所の運営にも協力し、長崎の囲碁界を盛り上げながら自らの余生を楽しまれているように見えた。

囲碁交遊の最後に、私がこの本田さんから不思議な出会いをさせてもらった話を書き残しておきたい。

九十一歳になった本田さんが誤嚥性肺炎で済生会病院に入院したと聞きさっそく見舞いに行った。私が脈を採ってみると若者のようにしっかりと打っていて不整脈もないので、これなら大丈夫とひと安心した。

その一週間後再び見舞いに行き、私が「田浦です」と声をかけ個室に入ると、ベッドの上の顔が本田さんとなにか違う。部屋を間違えたかなと一瞬思ったが、そのベッドの人物が、「やあ」と親しげに手を挙げるので私が傍に行ってみると、なんと高田勇元知事ではないか。

私は驚いて「なんで入院されているのですか」と尋ねると、「栄養失調と医者に言われた」との返事。血色も良く言葉も現役の時のようにメリハリがあるので、私は冗談と笑って受けとめた。聞くと本田さんは前日部屋を移ったらしい。

しかしこの偶然の手違いは私にとって千載一遇のチャンスとなった。というのは私にはかねてから高田元知事にぜひ尋ねてみたいことがあったのだ。

ずいぶん昔のことだが、一九八〇（昭和五十七）年に久保知事が高血圧症で倒れられ、後継の座を巡って激しい動きが始まった。自薦、他薦次々に名前が挙がったが、久保知事は高田勇副知事を後継者に指名し、中央政財界でも高田副知事を推す動きが強くなっていた。その中で最後まで手を上げ続けたのが倉成正衆議院議員だった。

私は倉成派の県議だったから倉成が出馬するとなれば支持しなければならない立場だが、高田副知事には個人的に親しくしており板挟みになった。

意欲は見せるが正式の出馬表明をなかなかしない倉成衆議院議員に、とうとう系列の県議、市議がしびれを切らし、最後の決断を仰ぐことになった。

長崎で持たれたその会合で倉成正議員は、これから自分は東京に戻るが、ただちに記者会見を開いて出馬を表明する、後のことをよろしく頼むと披歴されて東京に発たれた。我々はそれを受け、では今日から選挙態勢に入りますと誓いあった。

数日後東京で行われた記者会見を見ているとなんと倉成議員は、知事選には出馬しない、と表明されたのだ。正反対の記者会見を見て私は何かの間違いではなかろうか、と唖然としたのだがその後倉成議員からそのことについて何ら説明もなく、私はそれ以来四十年間、なぜ、どうして、という疑問をずっと持ち続けてきたのだった。こののどに刺さった疑問の小骨を取り除けるのは、倉成正議員が亡くなられたいま高田元知事しかいない。私は元高田知事本人にじかに当時の様子を聞くチャンスを長い間待っていた。

元知事はベッドから半身を起こし、記憶をたどりながら私の疑問に当時のことを丁寧に答えてくれた。派閥の中曽根康弘会長の説得にも倉成が容易に首を振らなかったと聞いて私はホッとした。やっぱり我々との約束も胸の内にあって倉成議員も頑張ったのだ、と。

最終的には倉成は降り保守は高田一本に絞られ、高田知事が実現したのだった。

この高田勇元知事との面談の後、元知事は一か月もしないで九十二歳で、本田忠氏が九十一歳であっという間に両者とも亡くなられた。私には驚きの連続だった。

最後の最後に高田元知事にお会いでき、長年の私の疑問を解きほぐせたのはまさに本田忠氏の私への最後の置き土産だった。

白黒の　石を数えて　八十路越え　　直

四、ラグビー讃歌

四年に一度開催されるラグビーワールドカップ、それが昨年（二〇一九）初めて日本で行われた。アジアで初めての大会である。大のラグビーファンである私にはこれこそ人生最高のプレゼントになった。

〝四年に一度ではない、生涯に一度だ〟というキャッチフレーズは八十二歳の私の胸にズシンと響いた。確かにその通りだ。

息子が大分で行われる三試合の切符をすぐ手に入れてくれた。そして私は決勝戦もテレビでなくぜひ生で見ようと一年前から横浜で行われる入場券購入の抽選に応募した。試合を待ちわびる一方、ワールドカップの日本大会、はたしてどれほど国民が支えてくれるか、会場がガラガラだったらなどと余計な心配もする。

こんな書き出しだと私がよほどラグビーに詳しい人間かと思われるかもしれないが、実は五十歳近くまでまったくラグビーには無縁な人間だった。もちろんラグビーボールをもってグラウンドに立った経験もない。だから趣味にラグビー、と書くのはおこがましい気がするのだが、だれにも負けないラグビーファンであることは間違いないし、ラグビーが私の後半の人生を楽しく豊かなものにしてくれているのに深く感謝している。

私とラグビーとの出会いは、長男が高校に進学するとき体重が九十キロもあったので、減量の目的で柔道かラグビーをやったらどうかと勧めたのがきっかけだった。息子もそれまでラグビーをやったことはないのでラグビー部に入ったと聞いた時は意外だったが、これが性にあったのか息子はラグビーにすっかりのめり込んでいった。

当時の県立長崎北高ラグビー監督、西野忠文先生の指導よろしきを得て、二年生から三番プロップでレギュラーになった。代わりに勉強の方は全くおろそかで、通知表は赤点の羅列。初めて高校の通知表をもらった時点数がすべて赤インクで書かれていたのでさすがに高校はしゃれているなあと私が感心していると、それは欠点ですから赤で書くのです、と担任の先生から笑われた。

ただ私の方は息子がラグビーにはまってからも、体重が減るかなというくらいの関心だった。

ところが一九八六（昭和六十一）年息子が三年生の時、その長崎北高が秋のラグビー県予選で強豪の諫早農校を決勝で下し、初の花園出場の切符を手に入れるという思いもよらぬことが起きた。

当時北高のＰＴＡ会長だった私は早速北高校長からラグビー後援会を作ってほしいと頼まれた。頼まれてみたものの私にラグビーの経験はないし、学校も初めての出来事なのでどう後援会を作ればいいのか戸惑ったが、とにかく急ぐことなので、ＰＴＡ、ラグビーＯＢ会、父兄会、青志奨学会などと相談し、付け焼刃の後援会を作った。

ラグビー部員は六十人いるという。そんなにいるのかと驚いたが、初めて行く花園だしみんな連れて行ってやりたい。選手として出場できない部員も、グランドで活躍する先輩を見ると、来年は自分もグランドで戦いたいと思うのではないか。そのためにはそれなりの金が要る。金を集めるのが私の一番の仕事になった。

さいわい初の花園出場ということで後援会も学校も盛り上がり寄付もそれなりに集まり、部員全員それに応援団も貸し切りバスで花園に駆け付けることが出来た。

私も初めて花園に足を運んだが、三つもラグビー専用のグラウンドがあり、その規模の大きさ、続々と集まる応援団、観客に、初めて県代表としての誇りを体感した。

試合は初戦で名門三本木農業に当たり、九―三で破り初出場、初勝利を挙げた。野球のまず甲子園で一勝、と同様県立北高校は花園でまず一勝を実現したのだった。二回戦はくじ運悪く優勝候補最有力の秋田工業と当たり、〇―十四で敗れた。しかし初出場と初勝利を挙げたことで北高ラグビーは盛り上がった。

翌年も私の期待通り県大会で優勝、全国大会ではなんとシード校に指名された。シードされたのでこの大会は二回戦から出場、二回戦で愛知県代表の西陵高校を十二―四で破ったが、残念ながら三回戦はまたしても秋田工業に七―十八で敗れた。

この秋田工業との試合は一九八七（昭和六十二）年元旦、花園のメインスタジアムで行われた。超満員だったので私は幸運にもグランド内に入れられ観戦することになった。間近で見るラグビーの景色は別物で、選手が全力でそばを駆け抜けると、屈強な体格と大きな太ももに思わず身をのけぞらせる迫力があった。またそれを正面から受け止めタックルして倒すのだからすごいの一言。まさしくラグビーは肉弾相打つ格闘技と、身を持って体験させられた。秋田工業はこの年全国優勝しているのだから長崎北高のこのスコアは善戦と言えよう。

翌年も県大会で優勝し三年続けての花園だったが、この年は残念ながら一回戦で茨城の清真学園に六―十で敗れた。

この三年間の活躍で長崎北高は花園常連校として注目されるようになり、私はすっかりラグビーの虜になってしまった。

それにしても秋田工業に二年も続けて勝利をストップさせられたので私は後援会の場で、私の目の黒いうちに秋田工業を倒して欲しいと口にしたが、当時秋田工業は雲の上の存在だったので、無理を承知でのハッパだった。

県立北高はその後二十年間で八回花園に出場、十九試合戦ったがそのトータルは十一勝八敗と勝ち越している。この十九試合全部を生で見たのは私だけではないだろうかと自負している。何せその間北高の校長は五代、ラグビー部の監督も三人変わっているのだから。それゆえに私は長崎北校のラグビーの生き証人と自覚して、今でも強い愛着を持っている。その北高の仲間との語り草は、平成六年第七十三回大会での大活躍である。

私はその時の興奮を〝ラグビー讃歌〟という題で『ら・めえる』誌に投稿しているので一部引用する。

「長崎北高は長崎県大会の決勝戦で、ライバル北陽台高に最後の最後まで苦しめられ、十―五の僅差で五年ぶりの花園行きを決めた。したがって全国大会での活躍を期待する空気は薄かった、ところがどうだ。一回戦では初出場ながら評判の高い清新学園を苦戦の末十八―八で破り、二回戦は古豪黒沢尻工業の猛攻を十一―十の一点差でしのぎ、三回戦はこともあろうに東の第一シード、秋田工業。これを二十二―十九でまさかの勝利。ノーシード校が優勝候補随一を下し、天下のラグビー関係者をアッと言わしめた。さらに準準決勝では西のシード校、大工大高を相手に二十四―十三で快勝、全国のラグビー関係者を仰天させた。またその内容が良い。長崎北高は進学校だから普通の身体の生徒ばかり。その北高の小さいフォワードが相撲取りのようなメンバーの大工大高相手にじっと耐え、アタックには一発必倒の低いタックルでしとめる。バックスは向こうがヨタヨタになるまで走りまくる。

高校生らしくきびきびした長崎北高のこの戦いぶりをラグビー関係者は高く評価し、花園の観客は大いに湧いた。この大工大高との一戦はラグビー雑誌がこの年ベストワンの試合と推奨したほどである。

惜しくも準決勝で敗れはしたが、あり得ないと思っていたのに私の目の黒いうちに秋田工業を倒してくれた。まさに感謝感激の大会であった。

生涯でどれだけ感動したか、によって人生の価値は定まるという。元旦早々、わが人生を高めてくれた長崎北高のフィフティーンに、そしてラグビーに心から感謝の意を表したい」

私も息子のおかげで猛烈な〝ラグビーファン〟になり、ラグビーでその後の人生を楽しませてもらっている。

残念ながら愛してやまない北高ラグビー部は、二〇〇九（平成二十一）年から十二年間花園に行っていない。もう一度私の目の黒いうちに花園へ連れて行ってほしい、これが今の長崎北高ラグビー部への私の切なる願いである。

二〇一五（平成二十七）年のイングランドで行われたワールドカップ。日本が土壇場のロスタイムに奇跡のトライで南アフリカを三十四―三十二で倒し、世紀の番狂わせと世界中をニュースが駆け巡った。

この日本チームの勝利をテレビで観戦し、最後のトライの瞬間には喜びをどう表現しようもないくらい興奮したが、その時二十年前長崎北高が花園で秋田工業を、さらに大工大高校を倒した光景がまざまざと私の脳裏にフラッシュバックした。大会のスケールは天と地ほどの違いはあるが、感動の大きさにはまったく変わりない。

しかしこのワールドカップ大会で日本チームはブライトンの奇跡と世界中の耳目を集めたにもかかわらず、次のスコットランド戦で十―四十五と大敗を喫し、南アフリカを倒し三勝したにもかかわらず決勝リーグ入りを逸した。その屈辱に日本チームは耐えに耐え、ただもくもくと練習を重ねてきて巡ってきた日本でのワールドカップ。四年間の練習成果にどれほど期するものがあったのだろうか。

二〇一九（令和元）年、私は日本でのワールドカップに大きな期待と不安を持って向かった。

まず初戦のロシア戦。スタートでロシアが挙げたハイパントを日本のフルバックが取り損ねていきなりトライされるという、高校生でもやらない凡ミスでスタートした時、これほどガチガチになるものなのか、とワールドカップ開催国ならではのプレッシャーに改めて強い衝撃を受けた。こうも硬くなってはこの試合は勝てないのでは、と急に不安がもたげてきた。その緊張のなか日本は思うように得点できず一進一退を続け、やっと松島がトライを取ったところでホッとした。いきなりスタートでつまずいてハラハラさせた試合だったが、最終的には日本が四トライを挙げ、ボーナスポイントを獲得することが出来たのは大きい。

二戦目は世界ランク一位のアイルランド。日本チームに四年前のブライトンの奇跡の再来を期待するのはラグビーファンとしては当然であろうが、あれは世紀の番狂わせであって、それをまた日本チームに期待するのはあまりに酷というものである。とすれば私はこのアイルランド戦は点差を開かれないように善戦で終え、次の二つの対戦に全力を注ぎ三勝一敗で予選を通過するのが良策だろうと考えていた。ところが試合が始まると私の予想とはかけ離れ、日本は世界ナンバーワンチームに堂々と正面から勝負を挑んだのだ。

この試合、前半に二トライをイングランドにとられ、さすがイングランドと感じさせられたが、日本はトライこそ取れなかったもののペナルティ・キックを重ねて九点を挙げ、ぴったりとついて離れない。守備が堅固なイングランドを走らせることによって後半に疲れを誘う作戦が的中して、後半日本がトライを取って逆転した。福岡が相手ボールをインターセプトしてゴールに向けて独走した時の光景に観客は総立ちになった。ワンチームになった日本が攻守にわたって最高の戦いを見せまさかの勝利を勝ち取った。イングランドが七点差負けのままロスタイムに入り、最後にイングランドのフルバックが外にけり出した時私は驚いた。蹴り出したら試合は終わる、それでは負けではないか、ミスキックなのか。

いずれにせよこの瞬間熱狂的な声援が勝利の歓声に変わった。

ここまでくれば初の決勝トーナメント進出を確実にするため、四年前の轍を踏まないよう次のサモア戦では、ぜひ四トライを挙げてボーナスポイントを獲得したい。

しかし三戦目のサモアはフィジカルに優位に立っていて日本に容易にトライを取らせない。やきもきしてみているうちに時間はどんどん過ぎていく。逆に後半三〇分過ぎにサモアからトライされ七点差に詰め寄られる。まだ二トライしかとってない日本。四トライはやはり無理かと思った終了五分前、日本はモールで押し込み三トライ目を奪い取った。そしてロスタイム。それも最後の最後、日本は松島が敵の守りをかわしゴールに飛び込んで四トライ目を挙げた。この時すでに時間はロスタイムを四分以上オーバーしていた。日本はこのサモア戦でもボーナスポイントを獲得、目標以上の出来で予選三戦を終えることが出来た。

そして最後の戦いは因縁のスコットランドである。日本はこれまでワールドカップでスコットランドに勝ったことがない。前回のワールドカップで日本が南アフリカを倒して世紀の番狂わせと世界を驚かせながら、次のスコットランド戦で大敗を喫し、決勝トーナメントへの出場を阻止された。一方スコットランドもここで日本を破らなければ決勝トーナメント出場はない。両国にとって絶対負けられないまさに世紀の一戦となった。

試合もそれにふさわしい死闘であった。

前半は完全に日本ペースで進行した。これなら日本が勝てそうと私は少し安心した。ところが後半に入るとスコットランドが死にもの狂いになって力を発揮し始めた。二トライをねじりとられ七点差に追い上げられた時、試合時間はまだ二十五分も残っていた。これはヤバイと私は感じた。逆にスコットランドはチャンスが巡って来たとばかり総力を挙げて猛攻に出る。日本側は押されに押される展開になった。しかし日本も執拗に粘ってトライを許さない。最後の最後までチーム全員でゴールラインを守り、遂に土俵を割ることなくその二十五分をしのぎ切った。まさにこれこそワン・チームの勝利であった。

日本は四連勝で予選を抜け出し、初のベストエイト進出が決まった。

観客は日本が勝った瞬間総員立ち上がって万歳を繰り返し、感極まって涙を流して喜んだ。

せっかく南アフリカを倒しながら予選で敗退するという前大会の屈辱を見事に晴らすことが出来て、選手も観客もこの大会で爆発させたのだ。

日本各地で繰り広げられたワールドカップ全試合をみても、この日本対スコットランドの戦いがベストゲームだった。

欧米のマスコミは日本のラグビーを音楽の用語を使って、従来のラグビーをアダージョ、日本のラグビーをアレグロと表現し、日本ラグビーのスピードを称賛した。さらに日本代表は練りに練った練習とチーム一体の戦略、ワン・チームを披露してみせた。

私はこの素晴らしい日本の戦い方は、これからの世界のラグビー戦術に一石を投じたのではないかと思う。

それにしても今大会で優勝した南アフリカは間違いなく強かった。準々決勝での日本対南アフリカ戦、私はひょっとしたら日本が勝つのではと淡い期待を抱いていたがものの見事に打ち砕かれた。二十六―三というスコアが示すように日本はこの大会初のノートライに抑えられた。南アフリカは四年前の雪辱を果たすため徹底的に日本のラグビーを研究したのだろう、見事なまでのパーフェクトなディフェンスだった。

ラグビーは体力を競うものであると思っていたが、この大会でその究極の勝負は知力で決まるものであると知った。

ワールドカップ日本大会は国民にラグビーの面白さを植え付け、にわかラグビーファンを多数生み、ノーサイド、ジャッカルなどのラグビー言葉が流行語になり、ワンチームが昨年の流行語大賞に輝いた。

長崎北高のラグビーに触発された私は、このワールドカップ日本大会を生で見ることが出来て、八十二歳まで生きた甲斐があった。

最後に一つだけ残念なことを告白しよう。冒頭に述べたように、四年に一度でなく生涯に一度だ、というワールドカップのスローガンに心を動かされ、決勝戦の切符に応募、見事に抽選に当たりそれを手に入れることができた。そしてその優勝戦は日本を倒した南アフリカ、見事なエディ・ジョーンズマジックで優勝候補随一のニュージランドを完全に抑え込んだイングランド。十一月二日のファイナルにふさわしい両チームが残った。

ところがなんとなんと、その前々日に私は三十八度の高熱を出したのだ。医師からインフルエンザを疑われ横浜行を止められてしまった。

あーあ、私の一生に一度の願いが夢と消えてしまった。長崎の自宅のテレビで観戦した優勝戦、横浜スタジアムで七万の大観客と一緒に見たかったなあ。

そしてまた今年新しい年のラグビーが始まった。高校生の花園での戦いも、秩父宮の大学選手権もワールドカップの盛り上がりを受けて観客数も軒並み増え、大学選手権の早稲田と明治の決勝戦の切符などは発売初日で売り切れ。

そしてトップリーグと続くと期待していた矢先に、なんと新型コロナという予想もしていなかったウイルスが出現、すっかり出ばなをくじかれてしまった。そのためトップリーグは途中から中止に追い込まれ、練習すらできなくなった。

ラグビーファンとして、今年こそはラグビーの年になると期待していたのに誠に残念な限りである。

振り返ればワールドカップは出来過ぎといってもよいぐらい大成功であった。もしこの開催年がオリンピック東京大会と入れ替わっていたら。そう考えればそれだけでも日本のラグビーは幸せだったのだ。

コロナに屈することなく来シーズン大いに頑張ろう。

花園の　切符求めて　八十路越え　　直

補記

この原稿は２０２０年に書いたものですから、この3年後のフランスのワールドカップで日本は優勝の期待をかけられていたにもかかわらずベスト8にも入れなかったのは残念でした。

フランスのワールドカップでは日本チームは対戦相手に徹底的にマークされていたようで、そう思われる節が実戦で処々見られました。

これを良い体験として２０２７年のオーストラリア大会は、それを乗り越えて活躍してくれるチームをエディさんは作ってくれるでしょう。私には有望な若手が育っている気がしています。その日を期待して待っています。

第二部　「選挙と政治」

一、選挙初挑戦

私の八十年に及ぶ長い人生で、最大のターニングポイントは何といっても選挙だ。政治の世界に三十七歳で足を踏み入れ七十歳までの三十三年に八回の選挙を体験したのだった。いずれもドラマ、ドラマの連続だったが、そのドラマを思い出し思い出し綴ってみる。

初めての選挙は一九七五（昭和五十）年、私は長崎市選挙区から県議会議員選挙に立候補したのだった。

当時私は長崎原爆病院に皮膚科部長として勤務していたが、三十歳で職場結婚し子供も三人もうけ、住まいも購入し勤務医として安定した生活を送っていた。看護学校、美容学校の皮膚科講師を務めながら、医師会報に医療問題を投稿したり美容組合の月報に「毛髪エピソード」を五年間にわたって連載したりと、医師としての仕事のかたわら、趣味の文筆活動を楽しんでいた。

その私が安定した生活を投げ打って突然長崎県議会議員選挙に打って出たのだった。

その動機は何だったのだろうか。誰かの後釜で出たのでもなく、何かの団体から推薦されて出た訳でもない。その時私は一体何を考えていたのだろう。

驚いたことにその最も大事なところが私は今思い出せないのである。日記をつけていなかったことが今更悔やまれるが、四十五年前なぜ選挙を決意したのかそこの正確な動機を残せないのは残念である。

当時戦後最大の疑獄事件と騒がれたロッキード事件が起こっていた。次から次に第一線の政治家、経済人などが逮捕され、遂には前田中角栄首相まで収賄と為替法違反で逮捕された。毎日毎日その関連の記事が大きく報道されたのを覚えているが、その記事の中で私が最もショックを受けたのは、ロッキード社から田中角栄総理に五億円という金額が渡ったという疑惑であった。当時五億円という金額は私には金額という概念では言い表せないほどの天文学的な額だった。

このロッキード事件から政治とは何か、政治の世界はどうなっているのか、それを知りたいという気持ち、なかでも五億円という大金が動く不思議さが私の出馬の引き金になったということはありうると思う。

知りたいという欲求、不正を許さないという正義感が私の胸の奥に眠っていた琴線に触れたのではないか。ただしそれだけの衝動で選挙に走ったとすれば、これは無謀な若気の至りとしか説明しようがない。

ここで私の父のことに触れておきたい。私の父は離島小値賀町のまた離島、六島（むしま）という小さな島の出身で、終戦まで上海で水産会社を経営していた。戦争が終わって長崎に引き上げ、出身地北松地区から県議会議員に出馬し四期当選した。そして一九六五（昭和四十）年参議院議員選挙長崎県地方区に自民党公認で出馬、当選したのは良かったがそのわずか四十三日後、肝臓がんのため六十六歳で急逝した。

当時の政治家にありがちのように父は佐世保に妾宅を持っていて私など盆と正月に会うぐらいであった。その父が亡くなったとき私は大学を出て皮膚科医になったばかりでＡＢＣＣ（原爆傷害調査委員会）に勤務していた。

父の最後の選挙、参議院選挙は田浦家にとっては大変な後始末を背負うことになった。水産会社は倒産、家は差し押さえられ、家具という家具には赤札が張られた。さらに参議院議員選挙は選挙区域が全県一区なので莫大な経費がかかり、それをどこでどう父が工面したのか全く分からないため、借用書が山のように出てくるのではないかと私たち遺族は恐れ、協議のすえ裁判所で遺産放棄をしたのだった。

選挙にはそんな苦い経験をしているのに、勤務医として平和な家庭を築いている私が選挙に打って出ようというのだから、私のどこかに父の血が流れていたのかもしれない。

この年の長崎市選挙区は定数十五に対し現職十五人全員再出馬、それに若手を中心とした新人十四人が挑戦するという戦後最大の激戦だった。自民党は現職優先で公認したので私や金子原二郎氏のように自民党員の父を持ったものでも西岡公夫氏のように自民党の衆議院議員を兄に持ったものも保守系新人はみんな無所属出馬だった。その上我々は二世候補とレッテルを張られた。私の場合すでに父が死んで十年たっていたのでこのレッテルには不満だったが、マスコミで二世候補としてしばしば三人の名前を取り上げてもらい知名度が高まったのは有難かった。

新人と現職、若手とベテランの激突となったこの選挙結果は、上位を若手の新人がずらりと占めた。この三人ともベスト5に入って当選した。

私は一一六八六票獲得、二十九人中二位で当選、年齢は三十八歳になったばかりだった。この時の選挙は時代の節目の選挙だったと思う。有権者の意向が県政を安定したベテラン政治家に任せる政治から、未知数だが若手の新人に期待をかけてみようという潮目の選挙になった。結果からすると私はグッドタイミングの出馬を果たしたことになる。

投票一か月前の長崎新聞の予測で二十二人の有力候補にも名が挙がっていなかった私が、二位で当選できたいきさつについては『ルブルム先生奮戦記』に詳しく書いたが、一言でい

う と最後までぶれないで不退転の決意を貫いたことが、支援をためらっていた医師会をはじめとする真の支持者の応援を得ることになったと思う。医師会についていえば長崎市内には約四百五十軒の診療所、病院があったが、勤務医の私はほとんどの開業医を知らなかった。そこで四百五十軒全病院をコツコツと単身で訪問、院長にお会いして話を聞いてもらった。初対面の時は抵抗を持たれた医師も二回目の訪問時には和らいだ感じを受けた。

当選すると、原爆病院は日本赤十字社の運営で政治的に中立であらねばならないからと辞職を求められ、私は急きょ大浦で医師一人、看護師一人の小さな皮膚科診療所を開いた。県議会では私、金子原二郎、吉永正人両議員と三人で無所属クラブを結成した。また議員はそれぞれ所属する委員会を振り分けられるが、私は躊躇なく厚生委員会を希望した。この当時は公共事業が盛んな時代で土木委員会に議員の希望が集中し競争が激しく、逆に厚生委員会は定数に満たず希望通りになった。現在とはまさに様変わりである。

初めて体験した一期目の県議会、その最大テーマは原子力船「むつ」と言っていい。この年の県議会は原子力船「むつ」をめぐって大荒れに荒れた。

原子炉を動力源とする日本初の原子力船「むつ」が前年（一九七四年）九月太平洋上を試験航行中、放射線漏れを起こすという失態を生じた。そのため母港であるむつ港からも入港を拒否された。まさに日本の原子力平和利用がスタートからつまずいたのである。その「むつ」は引き受ける港が全国に見つからないまま一年以上漂流が続き、日本海海上でさらし物になっていた。

一九七六（昭和五十一）年二月当時の三木武夫総理から、ＳＳＫ工業で「むつ」の修理点検を行いたいという協力要請が長崎県になされた。「むつ」を佐世保港に入れてほしいという要請である。

久保勘一長崎県知事はかって参議院議員時代三木派に所属していたので三木総理にとっては渡りに船だったかもしれないが、選りに選って被爆県長崎に原子力船を入れてくれというのだから当然長崎県民の強い反対にあった。

全国注視のなか県議会はもめにもめ、久保知事の対応も慎重を期した。一年かけた論議の末、遂に翌年四月臨時県議会で賛否採決が行われることになったのだが、その日の県議会は冒頭からただならぬ様相を呈した。

傍聴席からは激しいシュプレヒコールと怒号でしばしば審議は中断、それを声高に制止する松田九郎議長の怒声で議場は騒然となり遂には警察官が出動、一部傍聴者が退去させられた。その騒然としたなかで採決が行われ、賛成多数で佐世保入港の要請は受け入れられたのだった。

この時「むつ」入港の見返りとして、新幹線西九州ルート（西九州新幹線いわゆる長崎新幹線）の優先着工を当時の自民党三役が了解、その旨を署名しそれは「むつ文書」として現在まで長崎県庁に大切に保管されている。久保知事の見事な政治的駆け引きの遺産だった。長崎新幹線の歴史はこの時に始まるといっても過言でない。

県議一年生だった私はこの「むつ」で与野党の政治的な動き、激しいやり取りを経験し、一方久保知事をはじめとする理事者の対応、駆け引きなどいい議会体験をさせてもらった。

県政で私が個人的に大きな関心を持ったのは県立病院の経営だった。当時長崎県は五病院を有していたが、その決算書を初めてもらって私は目を疑った。過去五年間の累積赤字はなんと五病院で三十三億円。私がそれまで勤務していた原爆病院では累積赤字一億五千万円で大騒ぎしていたのだから桁違いである。にもかかわらずこの県立病院の赤字には誰も何も騒がないのである。

人件費だけで収入の百％を超えているのだから民間病院であればいつから倒産している。この県立病院のずさんな経営に私は義憤を覚え、県議初仕事として徹底調査を始めた。

当時は県職員組合が強かったので理事者も分かっていながら見て見ぬふりをしていたの

だろうが、さいわい私は議員になったばかりで組合の強さも知らずしがらみもなかった。時間はかかったが佐々療養所は廃止、他の四病院も業務を全面的に改革、職員を移動させるなど徹底した合理化が行われた。これはその後の長崎県の行財政改革に役立ったはずと自負している。

もう一つ県議一期目で記憶に残っているのは三年目の夏（一九七七年）、団員四〇四人で長崎県が「長崎青年の船」を結成、久保知事自らが団長として十日間にわたり耀華号という中国船舶で中国を訪問したことだ。当時はまだ日中友好条約が締結されてなく、そのような計画は全国どこにもなく全国初の事業だった。

長崎と中国は古くから往来が盛んで私の父も上海で仕事をしていたので中国には親しみがあり、この計画が発表されると私もすぐに一般団員として応募参加した。

耀華号が中国大連港に到着すると岸壁いっぱいに中国の少年少女がドラや太鼓、踊りなどの熱烈歓迎で迎えてくれた。また北京では中国の要人八〇〇人が出席した人民大会堂で、マオタイ酒で乾杯、乾杯の大歓迎。当時中国はまだ発展途上国で人民服一色の時代であったが、行く先々で盛大に迎えてくれ友好を深めることが出来た。

この「長崎青年の船」は現在に至るまで中国側からは高い評価を受け続けている。九州で最初に中国総領事館を長崎に設置してくれ、また四十年たった今でも総領事が交代するたびにかならず三井楽の久保知事の墓に詣でている。また私達耀華号のメンバーで作っている耀華会の総会にも、かかさず長崎領事館総領事はじめ領事館員が出席して懇親を深めてくれている。四十年過ぎた今でも久保知事の功績は燦然と輝き続けているのである。

二期目の選挙一九七八（昭和五十四）年は薄氷を踏む思いをさせられた。一期目と同様無所属での出馬となったが、前回の得票があまりに良すぎたので陣営がだれてどうにもその流れが変わらない。選挙区を回っている私には肌で感じるのだが、それを言っても引き締めのための発言としか受け取られない。

案のじょう定数十五人中十四人当確が出ても私の名前はなく、十五人目でやっと当確が出るというありさまだった。得票数は九四四七票で一期目の得票を二千票以上減らしている。最終的には十三位になったが、二期目は危ないというジンクスの通りで冷や汗をかいた。

この年中央政界は波乱含みに推移していて新党が続出していた。その波が長崎県議会の選挙にも押し寄せ、新自由クラブ、社民連、農政連などの新しい政党の議員が県議会にも登場、自民党は議席数を二十六から十七と大幅に減らした。その為自民党会派は急きょ無所属クラブと合同し、金子源二郎県議と私は自民党に入党することになった。

この選挙の翌年一九七九（昭和五十五）年九月、突然久保知事が脳梗塞で倒れられ長期入院を余儀なくさせられた。

久保知事は三期十二年長崎県知事を務められたが、党人派庶民知事として県民に親しまれ、その卓越した政治力と行動力で独特の思い切った施策を展開、大きな功績をあげられた。私が参加した長崎県青年の船もそうだが、日本初の大村海上空港、原子力船「むつ」の佐世保入港、長崎新幹線の自民党三役の念書などなど長崎県政のためどれだけ役に立ったことか。久保知事でなければおそらく実現しなかっただろうと思われることばかりであった。後任の知事にも是非参考にしていただきたいものである。

この二期目の三年目一九八二（昭和五十七）年、翌年六月の参議院議員選挙に現職の中村禎二氏が引退すると公表、その選挙の公認争いで私は思わぬ政変に巻き込まれた。

これまで全県一区の参議院議員選挙では自民党公認が即当選に等しく、自民党県連が誰を公認に指名するかは大きく、これまで党県連への貢献度で推薦が決定されていた。したがって今回も虎島和夫自民党県連幹事長か初村誠一県議会議長のどちらかが手を挙げれば問題はなかったのだが、両県議とも立候補の意思を示さないのである。私たち若手県議は何か調整をしているのだろうと考えていたのだが、いつまで経ってもどちらとも手を上げられない。そんな中突然宮島滉県農協中央会長が自民党に入党を求め、参議院選の立候補表明をしたのだった。

　農協は農政連という政党を作り自民党の農政に反旗を翻していた時だったから、自民党に入党し挙句に参議院選挙の自民党公認を求めるのは筋が通らない話である。そこで我々若手県議は虎島、初村両県議に再三面会し、農協の理不尽な要求を阻止するため是非出馬を表明して頂きたいとお願いするのだが、はっきりした返事は一向にもらえないのだった。その間時間はどんどん過ぎていく。このままでは宮島氏一人が公認願いを出し受付期限が来たらそのまま長崎選挙区の自民党公認候補となる。それはどう考えても理屈に合わないのだが、しかしそれを阻止するためには虎島、初村県議のどちらかに手を挙げてもらわなければならない。肝心のその動きが見られないので我々からすれば気は焦るがさりとて有効な手段も思いつかない。

　とにかく私は宮島農協長の公認決定だけはどうしても引き延ばさなければと考え、若手県議と相談の上私が立候補を表明することによって時間を引き延ばそうと決意したのだった。国会議員に挑戦という気持ちはみじんもなく、理不尽な決定は許さないという私の正義感からだった。この性格を自分で抑えられない私は後々も厄介な立場になる。

県連自民党の選挙対策委員会でも私同様農協に不信感を持つ委員が多く、宮島氏との公認争いは委員会での投票の結果私が圧勝した。そんなにしてまで虎島、初村両先生の出馬を待ったのだが、両先生とも最後まで手を挙げられない。どちらかの先生が手を挙げてくれれば私は直ちに辞退届を出す予定になっていた。

手を挙げさえすれば当選は間違いないのになぜ最後まで手を挙げられなかったのか、両議員が亡くなられた現在その答えは分からないが、今考えれば自民党の中央派閥が深く絡んでいたのではなかったろうか。

当時自民党は派閥政治の全盛期で、なかでも絶対的権力を有していたのは自民党国会議員百人以上を擁していた田中角栄氏の田中派だった。その田中派が長崎の参議院選挙ではいち早く宮島農協中央会長を擁し、派閥を挙げての根回しを行ったのではないのか。その結果両県議は身動きが取れなくなっていたのではないか。今でも私にはそれくらいしか推測できない。

ただ私はそんな自民党の中央派閥のことなどつゆ知らず、義憤と正義感の赴くまま手を挙げ、自民党本部での公認争いで田中派からもみくちゃにされてしまい、気づいた時はすでに泥沼の中で、もがきにもがいたのだった。

〝蟷螂の斧〟のカマキリを演じた私。（拙書『ルブルム先生奮戦記』に詳しい）

結局この公認争いが続いていたため私は三期目の県会議員選挙（一九八三年）にも出馬できなかった。

この年一九八二年は二月にもう一つ県政の大きな選挙があった。長崎県知事選挙である。久保知事が病気のため引退を表明されて以来その後任には、初村滝一郎、西岡武夫、久間章生代議士など自薦、他薦の名前が挙がったが、最後まで知事の座を争ったのは久保知事が後継者に指名した高田勇副知事と倉成正衆議院議員だった。

私は高田副知事とも親しくしていたが、倉成の後援会「倉友会」の幹部であったので、倉成が出馬すれば倉成を応援しければならない立場にあった。

ただ倉成は出馬の意欲は示すが正式の出馬表明は一向にしないのである。一方高田知事の選挙陣営は経済界をはじめ県議、市議も含め選挙態勢が順調に組織化されつつあった。それを見ながら倉成派の県議、市議団は板挟みになって焦った。もうこれ以上は待てないと遂に倉成本人と談判し真意を披露してもらうことにした。確か銭座にある有料駐車場の一室でその会合は持たれた。

その席上倉成はきっぱりと、「東京に帰ったらただちに記者会見し出馬を発表する」と言い切り、では今日から私たちは選挙態勢に入りますと誓って別れた。

ところが数日後東京で行われた倉成の記者会見では、我々の約束とは全く反対に、「知事選には出馬しない」と一方的に表明したのだ。私はそれを聞いて何かの間違いではないかと驚き、どうしても信じられなかった。数日前には固く誓いあったはずだった。

政治とはそんなもの、と言われるかもしれないが、あの時は間違いなく倉成本人も出馬の意欲を持っていたと思う。それ故あそこまでかたく約束していながら掌を返したような倉成の発言は全く私には受け入れられなかった。以来私はなぜという疑問を持ち続けてきた。

その疑問が三十七年後の昨年、長崎新聞に連載された高田知事の証言録「風雨同舟」で明らかにされた。時を同じくして私も済生会病院に入院中の元高田知事と偶然にも二人だけで会う機会に恵まれたのだった。その場で元高田知事本人から倉成議員との最終調整場面を詳しく知ることができた。

倉成が派閥の中曽根会長の説得にもかかわらず知事選挙を下りることになかなか首を縦に振らなかったと高田元知事から直接聞き、私の長年の疑問が解消された。と同時に倉成衆議院議員は私達との約束を反故にしないで頑張ったのだと知りホッとした。

その結果一九八三年二月の知事選挙は最終的に倉成衆議院議員が下り、保守が一本化したことで高田勇氏が圧勝した。

　また六月の参議院長崎選挙区の自民党公認争いは私と宮島滉氏とで公示の二日前までもつれ込んだが、最後に自民党本部で二階堂進自民党幹事長に一任することで決着、二階堂氏が宮島氏を指名、これも保守一本化で宮島滉氏が野党候補に大差をつけて当選した。

この参議院自民党の公認争いの中途で私の県議の任期は終了し、それからは大浦の皮膚科診療所で開業医として専念することになった。

　選挙と政治から縁が切れた私はもともと好きであった文筆活動を始めた。郷土誌『ら・めえる』に診療所での出来事を題材にした短編小説を書き始め、久しぶりに趣味の世界を楽しんだ。この短編小説は連載されまとまったところで『ルブルム先生喜怒哀楽』という本になった。私にとって初めての出版であった。

　それから三年目、一九八六（昭和六十一）年二月の長崎県知事選挙に合わせて長崎市の県議補欠選挙が行われた。

　自民党は長崎市支部長筒井邦憲氏を公認、社会党、共産党候補と争う様相を呈していた。

私は一開業医になり切っていたのでこの選挙はただ傍観しているだけだった。

　ところが選挙間近になって筒井氏の地元式見の老婆と思われる人から一通の手紙を頂い

た。それには式見漁協長をしている筒井氏は漁協資金の不正流用の疑いで今警察が調査に入っており、こんな人を選挙で当選させては式見の恥だから、先生、是非ともこの選挙に立候補してくださいと切々と書かれていた。おそらく内部の事情に詳しい人か、被害を被った人が矢も楯もたまらず私にすがったのだろう。そう思うと私の心にまた例の正義感が頭をもたげてきた。そして選挙まであと二週間しかないというのに、誰にも相談しないでその補欠戦に手を挙げたのだった。

驚いたのはこれまで県議選で手伝ってくれた人たちで、時間もなく組織もなくどこにも勝ち目はない。市医師会さえすでに自民党公認の筒井氏を推薦しており、市医師会長自ら診療所まで来られ、私に出馬しないよう説得に当たった。時間もなく、組織もなく勝ち目もないにもかかわらず私は頑として出馬の意志を曲げなかった。

困った性格であると自分でも分かっているのだがどうにも止まらないのである。また私は本来天邪鬼（アマノジャク）で、何か逆らいたくなる性格なのである。

いつものように私なりの正義感と老婆の願いとそのアマノジャクの精神が合い重なって、私は選挙に立候補したのだった。当然自民党県連は私を除名処分にした。

選挙戦に入ると予想されていたように、これまでの選挙で応援してくれた組織も市議会議員からも協力は得られず、私は選挙期間中ただ選挙カーで市内を走り回り、人が集まる場所とみれば車を止めて街頭演説をするのみだった。これでは勝負にならないと考えた私の運動員が、最後の手段として筒井氏の漁協資金の不正流用を怪文書で出そうと相談しているのを聞きつけ、もしそのようなビラが一枚でも出たら私は選挙を下りると啖呵を切った。それは私の正義感に相容れないものなのだ。

正義感とアマノジャク精神のみのどうみても無謀な選挙だったが、しかし開票結果は全く予想を覆した。

田浦　直（無所属）　六三七七五
筒井邦憲（自民）　四七七三六
松田　満（社会）　四六一五四
石丸完治（共産）　一〇二三五
中根　寛（労働）　六二二六

大差で私は自民党公認候補を破って当選したのだ。

のちに共産党県議が、自分たちもこの選挙を総括したが私が勝つ要因はどこにも見つからなかったと話してくれた。何が有権者の心をつかんだのか声なき声を聞きたいと私も思った。未だに手紙をくれた老婆らしい人に会ったこともないしその後連絡もない。

私はまたこうして政界に戻ってきたのだった。

一九八七（昭和六十二）年、四期目の県議選、自民党県連を除名されたのだから当然無所属の立候補である。この選挙は二十二人中十五位の最下位当選。得票数一〇三九五票。前年の補欠選挙では圧倒的得票で勝利したのに今回は最下位当選。本当に選挙は難しい。

この選挙で自民党は惨敗し自民党議席は二十三に激減、過半数割れを生じそのため私は前年の除名を許され、伊藤一長議員とともに自民党に復党した。

この頃自民党県連幹事長の小川雄一郎氏から二度長崎市長選挙を打診された。当時長崎市長は本島等氏であったが、私が本島等市長に勝てるかどうかはやってみなければ分からないが、それ以前に私は市長とか知事とかいわゆる首長というポストは嫌いだった。

政治家は国民に選ばれてなるのだからその行動には公の部分が確かに存在するのは認める。ただ議員はともかく首長になるとそのため自由な時間がほとんどなくなり、一挙手一投足公表され制限されるのが私には我慢できないのである。座らせてくれるといっても市長にはなりたくない、そんな心境だった。伊藤一長氏が長崎市長選挙の最中に暴漢から銃撃され亡くなるという痛ましい事件があった時、その日の夜久間章夫衆議院議員から電話で、その選挙を引き継ぐのがあなたの宿命だとまで言われたが、これも同じ理由から断った。伊藤市長は高校の後輩で私の後援会の青年部長を務めたこともある。とにかく自分の行動を制限されるのが極端に嫌いで、自由が何より好きなのである。これもアマノジャクなのかもしれない。

一九八九(平成元)年六月県議会で私は副議長に推挙された。

副議長選挙には手を挙げなかったのに政治は微妙なものでいろんな思惑、駆け引きが働いたのだろう、思わぬポストに就いた。またこの年から副議長は一年交代と自民党で申し合わせた。

私のわずか一年の副議長任期中、長崎県で二つの大きな行事があった。

一つは全国植樹祭。

五月十八日から四日間、島原の百花台森林公園で全国植樹祭が開催された。私は皇后陛下の介添え役という光栄な役を賜り、前日から両陛下が宿泊された雲仙の宮崎旅館に高田知事以下関係者とともに泊り込んだ。

皇后陛下が公園で種まきをされる時ヒノキの種を私が持って、陛下が蒔かれるのを傍で手伝うというのが主な仕事だった。その種まきの途中一度だけ皇后陛下が私の方を向いて、

「これでよろしいですか」と声をかけられた。私は「それでよろしゅうございます」とお答えしたが、おそらく私があまりに緊張して立っているので、それをほぐそうと気遣われたお言葉だったのだろうと思う。

もう一つは長崎旅博覧会。

一九九〇（平成二）年八月三日から十一月四日まで九十四日間、松が枝国際観光埠頭をメイン会場として開催され、全国から三百万人の入場者を集める大成功の長崎県イベントとなった。

旅博の目玉としてフランスの超音速機コンコルドを長崎空港に誘致することに成功、羽田以外の国内空港にコンコルドが来航するのは日本で初めての出来事であった。

私は初村誠一議長の代理としてそのコンコルドでパリまで飛んだ。

それにしてもコンコルドが日本人にも大変人気があるのには驚いた。

コンコルドの長崎空港到着当日、その着陸写真を撮ろうと全国から集まった航空写真マニアで道路も空港も溢れ、高速道路も渋滞で全く動かない有様だった。搭乗のため空港に向かう私の車もその渋滞に巻き込まれあやうくコンコルドに乗り遅れるところだった。

副議長、短い一年だったけれども良い体験をさせてもらった。

一九九一（平成三）年、五期目の県議会議員選挙。

この選挙は自民党が二十六議席から三十二議席に増やし、自民党系無所属を合わせ圧勝した。私の得票は一二〇四三票で十八人中第五位だった。

これで私も五期県議会議員を務めることになり、この任期の終わりが五十八歳になる。当時県職員に定年制は敷かれていなかったが、管理職は五十八歳がいわゆる〝肩たたき〟の年齢で、定年代わりに自ら辞めることが慣わしになっていた。私も副議長を無事に務めあげ丁度その年齢に達するので、県管理職に見習って県議会議員にピリオドを打ち、いよいよ一開業医として最後の人生を送ろうと決めた。

五期二十年の県議生活を振り返ると、二期目の参議院選の公認争いにみられるように、また三期目の補欠選挙に一通の手紙に動かされて出馬するなど、いつまでも〝私なりの正義感〟と〝アマノジャク精神〟を引きずって、〝若気の至り〟を続けてきたような気がする。ただ選挙では思わぬ人に助けられ思わぬ人に裏切られの連続で、人の心底を垣間見る機会が多く、人間を見る力が養われたのはこれからの人生に役立つのではないだろうか。

八十路越え　動機もおぼろ　初選挙　　直

「選挙初挑戦」インタビュー

編集部　田浦さんは大学の医局人事で、原爆障害調査委員会と訳されているＡＢＣＣ（Atomic Bomb Casualty Commission）に勤務されました。今の放射線影響研究所の前身にあたるＡＢＣＣは、アメリカ政府の資金によって運営されていました。治療機関ではなかったと思いますが、そこでどのようなお仕事をされていたのですか？

田浦　直（以下田浦）　ＡＢＣＣは原爆被害の研究機関でした。医学部から何人もの医者が派遣されていて、内科的・遺伝的に放射能がどのような影響を人体に与えるのかを調査していました。ＡＢＣＣには三年勤め、次は長崎原爆病院に派遣されました。原爆関係が続いたのは人事の偶然かも知れませんけど、その後の私の方向性いわゆる原爆畑を歩く医者となったわけです。

編集部　さて、先生はロッキード事件への義憤から政治の道を志して県議会議員になられましたが、その二期目に参議院議員選挙の自民党公認争いに関わったために、県議二期目途中で任期が切れてしまいました。その三年後の県議補選では多くの予想に反して自民党候補を破って当選しました。その時の勝因は何だったと思われますか？

田浦　あの時の勝因は実は私も分からないんです。当選後に他党の議員が「自分たちもこの選挙を調べたけれど、田浦先生が勝つ見込みは全くなかった」と教えてくれました。やっぱり有権者の気持ちですかね。極めて不利な選挙を正義感だけで戦っている私の姿に有権者が反応してくれたのかも知れません。

編集部　それからずっと後、田浦さんが参議院議員になられていた二〇〇七年四月、伊藤一長　長崎市長が選挙期間中に暴漢の銃弾を受けて亡くなりました。すると久間章夫衆議院議員から田浦さんに立候補を促す電話があったそうですね。

田浦　（銃撃事件があった）その日の夜に久間さんから電話があってね、私に出てくれと。もちろん自民党も応援するということでした。伊藤君は県立長崎西高校の後輩です。そして私の後援会の青年部長もしていたことがある。だから筋としては全く久間さんの言う通りだと私も思うんですが、私は首長にはならないと決めていました。首長になれば非常に忙しいし自分の時間もほとんどない。そういう首長にはなる気はないし、なりたくない。だから久間さんに「(市長の椅子に)座らせてくれてもならない」と断ったんです。そしたらしばらくして「倉成の息子はどうだろうか?」と久間さんからまた電話があって「先生、それはいいですね。私も賛成します」と答えました。私は倉成派でしたからね。そして本人に言ったらね、倉成(の息子)は「考えさせてくれ」と言ったんですよ。投票日が三日後に迫っているのに「考えさせてくれ」って、何をこの人は言うんだろうと思って、それでもう久間さんもガクッときて、もう私もガクッときて、もう倉成の目も消えてしまったんですね。

二、衆議院議員選挙

前回は県議会議員五期二十年の出来事を思い出すまま書いた。県議は四年に一度選挙があるので四年を単位に生活しているようなところがあり、とっても時間の流れが速い。あっという間に五十八歳になった。

今回からは国政選挙に絡んだ体験を書いてみようと思う。

選挙の一候補者として内側から知り得たことを出来るだけ正確にそして自分に正直に書き残したい、というのが私の偽らざる気持ちであるのだが、私自身のことを私の記憶で書くので、私よりになっているのではないかという危惧がある。その点割り引いて読んでいただきたい。また自慢話のようにとられるところはどう書けばいいのか悩んだが、ありのまま書くことにしたのでどうかご理解お願いしたい。

一九九四（平成六）年、私は翌年県議五期目の任期を終える。このころ県職員に定年はなかったが、管理職は五十八歳で肩たたきの年齢になり、県庁を退職する慣わしになっていた。私も五期目を終えるとこの年齢に達するのでそれに見習い県議を辞め、これからは一開業医として人生を締め括ろうと決めた。

県議会議員の任期二十年近く私は大浦で皮膚科開業医も兼職していた。しかし一人で診療にあたっていたので県議の仕事で診療所不在になることが多く、採算が厳しくなってきていた。かといって県議の収入だけでは生活できない。そんな状況が続いていたのでこの際政治との区切りをつけようと考えたのだった。

この時期、中央政界は激しく揺れ動いていた。ロッキード事件、リクルート事件、東京佐川急便事件と繰り返される政治と金の不祥事、そしてこの年自民党のドン、金丸信衆議院議員が十億円の脱税容疑で逮捕起訴された。

そのたびあらわになる政財界の癒着。金権政治に対する国民の不信は極度に高まっていた。さしもの権勢を誇っていた自民党田中派も、派閥の主、田中角栄氏が受託収賄罪と外為法違反で逮捕され、心労のためか脳梗塞で倒れ第一線を引いた。同時に結束を誇って日本の政界を牛耳ってきた田中派閥も、内部の抗争が激化し分裂を次々に引き起こした。

一九九二（平成四年）年十二月十一日には羽田孜元蔵相が盟友の小沢一郎・元自民党幹事長とともに田中派を離脱、「羽田・小沢派」（改革フォーラム二十一）の結成を宣言した。

翌九三年六月十八日、野党が提出した宮沢内閣不信任案に与党自民党羽田、小沢派が賛成に回り不信任案を可決、宮沢喜一総理は解散、総選挙に打って出た。

二十三日、羽田、小沢派国会議員四十四人は自民党を離党し、新生党という新党を結成、羽田孜氏が党首に、小沢一郎氏が代表幹事として党運営と選挙を仕切るという体制を整えた。

その激しい中央政界の動きはただちに地方にも及んだ。

長崎の著名な経済人、安達健二、村木文郎、満井正男氏などが、どのようなパイプなのか知らないが、この衆議院議員選挙に新しくできた新生党から立候補してほしいと私に打診があった。

私は医師会の関係で衆議院選挙では地元の倉成正衆議院議員を応援していたが、それ以外には国政とは何ら関係を持ったことはなく、新しく誕生した新生党という政党にしても羽田、小沢両衆議院議員にこれまでなんらの面識も持っていなかった。

ましてあと一年で五期目の県議生活が終わりそれからは開業医としての余生を考えていたので、私はこの自民党の内部分裂による新たな離合集散の流れもただの傍観者に過ぎなかった。

しかしその後も安達氏らが執拗に私の出馬を求めてくるので浦瀬清七郎氏にその動きを伝え意見を仰いだ。

浦瀬氏は倉成選挙を長く仕切っていた人物で、長崎の政治情勢にはだれよりも精通していた。氏は即座に、「それはお断りされた方がよいでしょう。新生党から出てもこの長崎では勝負になりません」と諭された。

私は新生党が旗揚げした翌日上京し、同党の幹部に自分にはまったく出馬の意思がないことを伝え、さらに文書で断りのファックスを入れた。先の地元経済人らからは自分たちを差し置いてと苦情を言われたが、こういう問題はきちんとけじめをつけておいたがいいとの浦瀬氏の助言で行動したのだった。

これでこの件は落着したと思ったのだが、選挙最終盤になって地元長崎で大変な動きが起こった。

長崎県政界の保守は戦前から長きにわたって倉成、西岡両家が支配していて、県下の保守系県議、市議の多くはこのどちらかの勢力に属していた。

その一方の旗頭である倉成正元外務大臣は、この選挙に十三期目の当選を目指してすでに自民党の第一次公認を受けていた。後援組織の倉友会はその出馬表明を受けてすでに選挙態勢に入っており、私もその幹部の一人であった。

ところが驚いたことに六月二十二日ホテルセンチュリーで開かれた後援会幹部会で、倉成正衆議院議員は突然引退を表明し、約百五十人の出席者は一瞬あっ気にとられた。まさに寝耳に水の発言であった。

引退の理由について倉成氏は、「今は変革の時代、夢と希望とロマンを求めて立ち向かう若い人々に席を譲りたい」と述べ、一部に言われる健康問題については「全く関係ない。七五キロあった体重が六〇キロに減ったが今の方が健康なぐらい」と否定した。さらに、「二、三日前、派閥の渡辺美智雄会長と相談したが、決断したのは今日の後援会の直前。支持者や長男正和本人の意思を十分確かめるべきだったが、選挙が急だったので長男との交代も急がざるを得なかった」と釈明した。

連続十二期当選、経済企画庁長官、外務大臣など要職を歴任した倉成正氏。七十四歳から長男で秘書の正和氏四十一歳への突然の交代劇であった。

正和氏は直ちに記者会見を行って選挙への出馬を表明、「突然のことで勝算は厳しいが胸を借りるつもりで頑張る」と決意を述べ、近く自民党に公認申請することを明らかにした。また国会議員の世襲については「政治家としてどう行動するかが問題で悪いと決めつけるのはどうか」とかわした。

この倉成家一連の交代劇は倉成後援会組織「倉友会」の浦瀬清七郎事務局長にもまったく知らされていなかったが、長男正和氏の後継には異論は無く、正式に倉友会として正和氏擁立を決定した。

浦瀬事務局長は東京から来崎された倉成正代議士と大村空港でばったり出会い、これから対馬に向かいますと挨拶を交わしたが、代議士は引退のことは一切ほのめかさなかった。翌日浦瀬氏は対馬で支援者と選挙対策を協議中、倉成正氏の不出馬を聞かされ、さぞバツの悪い思いをされたに違いない。選挙ではこのような行き違いが往々にして生じるのはやむを得ないのだろうけど。

「寝耳に水」の引退表明と長男正和氏擁立であったが、倉友会は動揺を最小限に収めいち早く幹部会で対応を検討、横瀬長崎市医師会理事を倉成正和後援会会長、私が選対本部長、浦瀬清七郎氏を事務局長とする布陣を決定、目前の選挙に間に合わせることが出来た。

ところがその二日後、今度は正和氏が倉友会には何らの相談もなく単独で記者会見、一転して出馬断念を表明したのだった。

「父親の突然の引退で私自身が出馬する体制を作れなかった。勝負はやってみなければ分からないが、各地の責任者をだれにするか、何を訴えるかなど自前の組織を持たないで戦うことは、多くの方々に迷惑をかける」と述べた。また倉友会の今後のこと、代わりの候補の擁立について正和氏は、「この二日間、悩みに悩んで決断したばかりなのでほかのことを考える余裕はなかった」とした。

　選挙目前にして倉友会は二転三転、横瀬昭幸後援会長は、今後組織としては他の候補を擁立する考えがないと明らかにした。

　正和氏の突然の立候補辞退の真相はどこにあったのか。

　彼は東大出の学者肌だから選挙を生真面目に考えすぎたのではないか。あるいはエディプス・コンプレックスがあるのではないかという手紙ももらった。その他親子間のトラブル、金銭問題など様々云われたが立候補さえすれば中選挙区選挙だから間違いなく当選しただろうに不思議でならない。

　しかしどのような事情があったにせよ､倉友会は倉成正氏の引退表明から後継者の指名、その後継者の出馬断念など倉成一家に振り回され、無力感に陥ってしまった。

　この選挙を不戦敗のまま終われば長い歴史を持つ倉友会も消滅しかねないと危惧する声も出た。倉友会に誇りを持ってこれまで十数回の選挙を戦い抜き、組織を長年支えてきた人々にとっては大変残念なことであるのだろう。

　そんな中、私を擁立して組織の結束を図ろうという声も出てきた。ただ私は来年県議が終わったら開業に専念すると決めて準備しており、選挙に手を出す気持ちはなかった。まして選挙告示まであと二週間しかなく倉友会が混乱している中でとても受けられる話ではなかった。

倉成家でもいろんな動きがあったのだろう、横瀬後援会会長から倉成正夫人との間で、今回の総選挙には倉友会を維持するために私に選挙に出てもらうということで話がついたとの連絡が入った。

しかしこれにはあいまいな点が多く、本心で夫人がそう発言したのか、倉成正代議士、正和氏にその話は通じているのか、ほかに何か条件があるのかないのかなど疑問が多く残った。後援会長の話をうのみには出来ず倉友会幹部もどう対応すればよいのか混乱を極める中、私に倉成正代議士本人に直接会って話を確かめて来て欲しいという話になった。

私は先ほどから述べたようにこの選挙に出馬する気はないと言っているのだが、倉友会のためにもこの問題を早く決着させねばならないし、この際倉成正先生に引退の真意を聞かせてもらえればという思いもあって急きょ一人で上京、成城の倉成邸に向かった。

玄関の呼び鈴を押すとお手伝いさんとみられる若い女性が顔を出し、私が身元を述べて先生への面会をお願いすると、先生も奥様も不在ですという返事だった。私もわざわざ東京まで上ってきたのだから、帰られるまでお待ちしますと言ったが中に入れてもらえず、先生の帰りを門前で待つことにした。

この周辺は東京有数の高級住宅街らしく、あたりに公衆電話など見当たらなかった。携帯などない時代なので長崎に連絡の取りようもなく困った。玄関の見えるところに公園、喫茶店など座る場所もなく、いつ帰られるか分からない正先生をただ門前に立ってじっと待つしかなかった。そのまま一時間、二時間と経過したが、その間二回お手伝いさんが顔を出し、私が立っているのを確かめると無言のまま玄関を閉めた。その後何らの動きもなくただ時間の過ぎるのを待つのみだった。七時間辛抱強く玄関前に立っていたが、さすがに足も疲れついに引き上げることにした。

ローマ教皇グレゴリウス七世によって破門されたローマ皇帝ハインリヒ四世が、一〇七七年の正月、赦しを請うためカノッサ城で三日間雪の中素足で立ち尽くしたという、歴史上有名な「カノッサの屈辱」の挿絵が私の脳裏に浮かんだ。この応対を見れば倉成家の意志は明らかだと判断した。

翌日正代議士が「選挙は静観する。倉友会も動くことはない」と語ったと伝えられた。

横瀬後援会長と倉成正夫人との話はどんなことだったのだろうか。政治、選挙の世界はこんなあいまいな話がまかり通るところなのか。

これらすべて私が倉成正先生ご夫妻から政治家として信用されていなかったということに尽きるのではないか。

この顚末が伝わると長崎の経済人が再び動き始めた。二十七日新生党の正式な使者として新潟出身の星野行雄代議士が来崎、プリンスホテルで長崎の経済人も立ち合いの中で、「ぜひ新生党から出馬してほしい」と新生党の新党としての主張を熱っぽく説明され、私に出馬を強く要望された。

日本の政治は五五年体制と呼ばれて久しい。五五年体制とは一九五五年、右派と左派に分裂していた社会党が日本社会党として統一された時、これに危機感を抱いた保守勢力も、自由党と民主党が合同し自由民主党が誕生することになった。そしてこの両者の枠組みが長く日本の政界をリードし続け、誕生の年にちなんで五五年体制と呼ばれるようになった。

この時期の選挙は中選挙区制で、長崎県は長崎市を中心にして県南一区で五人、佐世保を中心に県北が二区で四人が当選定数であった。この頃は長崎県で九人いた衆議院議員が現在の小選挙区制では三人と三分の一になっている。

中選挙区制度では、全国どの選挙区でもおおよそ自民党が二、三人、社会党が反自民票を集め一人の当選者を出すというのが基本になっていて、万年与党に自民党、万年野党に社会党という構図が出来上がり、それぞれの立場を守りつつも政治は安定していた。

自民党内閣が汚職、スキャンダルなどで倒れても社会党には政権を担うという意欲はなく、ただ自民党の首相が代わるだけで政権は引き継がれてきた。

この五五年体制に対して新生党は〝欧米のように日本にも政権交代可能な二大政党を〟を最大のスローガンにした。

私は翌二十八日時津町の浦瀬氏宅を訪れ星野代議士の話を伝えた。浦瀬氏は、「正和氏出馬断念で倉友会はバラバラの状態になってしまった。あなたが立候補を表明されても正先生が同意されない現状では、自民党の公認は取れないでしょう」と述べられ、浦瀬氏は倉成父子の騒動で見切りをつけたのか私が新生党から総選挙に出馬することを前回のようには否まなかった。

新生党が結成されたのが六月二十三日。参加した国会議員は四十四人に上ったが、それぞれ全国には散らばっていても長崎県には一人もいなかった。結成したばかりで県議、市議など地方議員も一人もいない。新生党の事務所など組織もないし党員も皆無である。しかも投票日は七月十八日、公示日は七月四日だからあと一週間しかない。

新生党とすれば新党結成の勢いをつけるためには数多くの候補者を全国で擁立したいの

は分かるが、何せ急な話で地方ではまだ何にもないというのが現実の姿だった。

選挙区にも大きな問題があった。これまで五回やった私の県会議員選挙の選挙区域は長崎市だけだったが、衆議院議員選挙は中選挙区制度なので、選挙区域は長崎市以外に島原市、諫早市、西彼、南高来、東高来郡、対馬などこれまでの県議会議員の選挙で足を踏み入れたことのない地域に広がり、有権者数も三十万から七十万人と二倍強に増える。

にもかかわらず私は出馬を決意した。なぜか。

この時期金丸信逮捕、佐川急便事件などで小沢一郎、竹下昇議員などが証人喚問されるなど中央政界に汚職、スキャンダルが多発し、そのため政治の変革が求められたにもかかわらず、政権交代は自民党の中だけで行われ、五五年体制は微動たりともしなかった。もう日本も欧米のように真の意味で政権交代が出来る二大政党の時代が来ても良いのではないか。

来年には県議を辞めようと考えていた私にとって、一年早く県議を辞めることに躊躇はなく、私の政治生命の最後に二大政党の実現を訴えて終わるのは、願ってもない幕切れになると心が動いたことが大きかったと思う。

私は初めての国政選挙に踏み切った。

ただ衆議院選出馬に対する私の思い入れはともかく、いざ実際の選挙戦に入ると準備不足がそのままもろに出た。選挙ポスターさえ間に合わず県議の選挙用写真をそのまま利用、狭い賑町の県議事務所を選挙事務所として使うしかなかった。

この選挙に立候補の手続きをすると、同時に県議会議員は自動的に退任となる。私の二十年近くに及ぶ県議生活はこの選挙の届け出とともにあっけなく終わった。

新生党という新党で出馬したので医師会の推薦は得られず、出馬を要請していた経済人も個人的な動きにとどまり、選挙範囲は二倍強に広がったにもかかわらず、人も金もなく無手の戦いになった。やれることはただ選挙カーにウグイス嬢を乗せ、広くなった選挙区をただやみくもに走り回り、初めて回る市町村では役場、医師会、農協、漁協など各種団体の事務所、アパート群、団地など人が居そうな場所で、「日本にも二大政党を」と選挙カーから訴え続けたのだった。私ひとりで演説して回るので二日目にはもう声がかれてしまった。ただ選挙戦は〝日本にも二大政党を〟というスローガンが有権者の心に訴えたのか意外と手ごたえはあった。また選挙に入るまで全くの他人だった若いウグイス嬢たちが、最終日声を詰まらせ涙ながら懸命に投票を訴える姿には胸にジーンとくるものがあった。

とにもかくにも初めての国政選挙を十四日間、「日本にも二大政党を」のスローガン一本で戦い抜いたのだった。

長崎一区の選挙結果は、

当選　西岡武夫　８５７５０
当選　初村謙一郎　８１８５２
当選　久間章夫　７８６５４
当選　田口健二　７７８４４
当選　高木義明　７０３１９
次点　田浦　直　５４７１３
　　　西村貴恵子　２５６５０

となり、惜しくも次点落選となった。とはいっても当選者との票は大差であったけれども。県議会議員時代の選挙を含め、六回目の選挙挑戦で初めて落選の憂き目を味わった。

この選挙の最終日、羽田孜新生党党首に長崎に駆けつけてもらい、中央橋で有終の美を飾ってもらった。その時の様子は今でも懐かしいので少し詳しく書いてみたい。

羽田党首は佐世保市から船で時津港に入り、そこから会場の中央橋まで車を走らせたのだった。私も出迎えに行き一緒の車に乗った。ところがその車が宝町付近から交通事故があったのか渋滞に巻き込まれてしまった。

こんな大事な時にと恨めしく思ったが、中央橋の選挙集会に間に合わなくなると思ったのか運転手も焦って電車道を走り出した。とたんに羽田党首から叱りの声が飛んだ。一部の区間をのぞいて長崎でも車が軌道敷内を走ってはいけないことを羽田党首はご存じなのだと私はびっくりした。

賑町の親和銀行の角まで来ると車が全く動かなくなってしまった。すると突然羽田党首が車のドアを開け飛び降り懸命に走り出された。これには我々は一瞬あっと驚いたが、みんなその後を追って必死に走った。この時の光景を思い出すと私は今でも胸が熱くなる。

中央橋の選挙カーにたどり着き車の屋根に上って初めて渋滞の原因が分かった、人、人、人で、道路も歩道も埋め尽くされていたのだ。渋滞の原因はこの演説会のためで、自分たちのせいだったのだ。

街頭演説は何回もやってきたが、まさかこんなに人が集まるなんて想像したこともなかった。すごい羽田人気だった。ひょっとしたらこの選挙、勝てるのではないかとちらっと私の頭をかすめた。

この第四十回衆議院議員選挙の結果は、新生党五五、日本新党三五、新党さきがけ一三と新党が一〇三議席を確保、これとは対照的に既成政党は自民党が二七五から二二三に落ち込み過半数を割り、社会党は一三六から七〇と半減する歴史的大敗を喫した。そのため、さきがけの十三、日本新党の三五が過半数をめぐって政界再編の台風の目となった。

政界再編を巡って中央政界では権謀術数いろいろ動きがあったのは間違いないが、わたしは選挙が終わると予定通り政治と選挙から縁を切り開業に専念したので、その後の政界には全くタッチしていない。

国会では社会、新生、公明、日本新党、民社、さきがけ、社民連、民主改革連合、右から左まで理念も政策も異なる八党派が細川護熙日本新党党首を首相として一気にまとまり、八月九日細川政権が誕生、高い国民の支持を得た。剛腕と言われた小沢一郎氏の動きが大きかったと報道されていた。

残念ながら私はこの動きに直接参加出来なかったけれども、選挙の結果自民党に対抗できる勢力が成立し、公約の二大政党が曲がりなりにも実現したのは嬉しいことだった。日本にも欧米並みの政治体制が出来たかと遠く長崎の空から見とどけ、私は気持ちよく政界から身を引くことが出来た。

八十路越え　落ちた選挙も　懐かしく　　直

「衆議院議員選挙」インタビュー

編集部　一九九三年、十三期目の当選が確実視されていた倉成正衆議院議員が突然、引退表明しました。後継として長男が出馬会見しましたが、その翌日、一転して長男は不出馬を表明しました。どのような理由があったのでしょうか？

田浦　今でも不思議です。後援会は、組織を維持したまま倉成正から長男に看板をかけ替え、私が選対本部長になりました。そうしたら、そこで長男がまた記者会見をして「自分は出ない」と言ったんです。私たちは宙に浮いた形になって何かよく分からない感じになりました。だって選挙に出れば上がるんですよ。なぜ出ないと言ったのか分からないですね、しかし何というか、もったいないですね。

編集部　倉成父子から梯子《はしご》を外された倉成後援会は、県議五期の実績がある田浦さんに出馬を要請します。そこで田浦さんは倉成正代議士の気持ちを確かめるべく上京しました。

田浦　ご自宅に行くと、先ず使用人の女性が出てきて「先生も奥様もいらっしゃいません」と言いました。ただ私もわざわざ東京まで行っているわけだから、はいそうですかと帰るわけにもいかない。先生が帰って来られるまで待ちますと言ったのですが、中に入れてもらえませんでした。

編集部　なぜでしょうか？

田浦　それがね、これも分からんのですよ。玄関の周辺には座るところもないんです。倉成先生のお宅があるところは高級住宅地で周辺に喫茶店もなければ公園もないし公衆電話もありませんでした。もちろんその頃は携帯電話なんてありません。二度三度、その女性が門の外を覗きに来て私がまだいるかどうかを確かめていました。

編集部　田浦さんを中に入れないようにと、倉成さんご本人の指示があったと考えられますね。

田浦 恐らく私を信用していなかったのでしょう。

編集部 田浦さんが後援会の幹部であるにもかかわらずですか？

田浦 しかも後援会が倉成先生に会いに行ってくれって言うから上京した。それなのに本人も奥様も会ってくれませんでした。七時間も待ったのに会ってくれませんでしたので、これはもう私が先生に嫌われているのだと思いました。たぶん倉成先生の性格だと思います。息子さんが出ないと言った理由もその辺りにあるような気がするんですよ。そういう先生の性格の矛先が正和君にも向かったし、私へも向かったんじゃないのかな。

編集部 田浦さんは、内心はご立腹でしたでしょうね。

田浦 それはもう。出てきて「まあ、お前、心配かけとるな」とか、それでいいんですよ、私も代議士になろうと思う気は全然ないんだから。それを、何というか親しみがないといいますかね。まあ確かに、あの先生は東大出の学者肌でね、きちんとした性格だったのでしょうね。まあこれはちょっと言い過ぎかもしれませんけども、人を信用できないという性格もあったんじゃないかな。実の息子でさえ心からは信用できないという感じがね。おそらくね。

三、参議院議員選挙

私は原爆病院在籍中に長崎県議会議員選挙に出馬して当選、それと同時に原爆病院を辞し大浦の路地で二ＤＫのアパートを改造して小さな皮膚科診療所を開いていた。県議会議員に五期連続当選、その最後の年に新生党から衆議院選挙に立候補し落選。それを機会に政界から身を引き、診療所を大浦石橋の電車通りに進出させて開業に専念することにした。

前回の総選挙でたしかに八政党が協力し細川護熙日本新党党首を首相とした自民党でない内閣が成立、日本の政界が二大政党を実現させた画期的な出来事だったが、寄せ集めの各政党は政権に不慣れなためか組んだり離れたりして安定感がなかった。

細川首相が目指したのはこの二大政党を根付かせるために、これまでの中選挙区制に変えて小選挙区制を導入することだった。しかし小選挙区制は日本の選挙制度を根本から変えることになり現職の国会議員にとっては死活問題になる。そのためこの法案は参議院で与党だった社会党左派二十人が造反して反対、否決される羽目に陥った。

政治信念を与党から拒否された細川首相はそれでもあきらめず、今度はなんと野党である自民党と手を握り、与党社会党の意向を無視して一気に小選挙区制を成立に持ち込んだ。

与野党が入り乱れた国会の象徴的な出来事だった。

小選挙区制導入はたしかに二大政党の実現とその持続の礎（いしずえ）になると私も当時考えていてこれには賛成だった。

しかし紆余曲折の末せっかく実現した小選挙区制であったが、二大政党の一方が内部でことごとく意見が折り合わず、再び分裂してしまってからは元の自民党の一党支配に戻ることになり、逆に小選挙区制は選挙を中央集権化させて固定化させ、自民党の一党支配を助長する制度になってしまった。

長崎県では中選挙区時代衆議院議員の定数が、一区五、二区四で合計九あったのが、小選挙区制では三と半数以下になっている。どの県も同じような傾向で人口の少ない地方の議員定数は減少し、その分は大都市に大きく増加され地方の声が国会に届きにくくなった。皮肉なことに中選挙区制が現在ふたたび見直されているが、小選挙区制度で選ばれた現職議員が選挙制度の変更に同意することはまず困難だろう。

細川内閣の支持率は細川首相個人の人気で高かったが、寄り合い所帯の政権内部は結束がほころび始めていた。自民党と組んで劇的な政治改革法案を成立させた五日後の一九九四年二月三日、国民福祉税構想が唐突に細川総理から発表された。消費税を福祉目的税と改め、税率を当時の三％から五％に引き上げようとするものであったが、これは社会党とさきがけの抵抗にあって断念に追い込まれた。

このように寄せ集めの内閣はスタートからつまずき、内部から離反が相次ぎ、ついに四月八日細川内閣は総辞職、次いで四月二十五日羽田孜内閣が誕生することになった。しかしその羽田内閣もさきがけ、社会党が連立から離脱したため三分の一しか議席を有しない少数与党になり、たちまち政権運営に行きづまり、六月二十五日羽田孜首相は辞意を表明、わずか二か月という短い内閣で終止符を打った。

その後いずれの政党もばらばらで過半数に達する政党の組み合わせができず、首班指名もできず政局は混乱を極めた。

ところが驚いたことに六月二十九日、理念も政策もこれまで全く相いれなかった自民党と社会党が手を握るという想像を絶する離れ業でまさかの連立が出来、それにさきがけが加わって村山富市社会党党首を首班とする「自社さ」内閣が出来上がり、世間をあっと言わした。

私もこんなことが現実の政界で起こるとはと驚いたが、社会党が真っ向から存在を認めなかった自衛隊を村山首相はどうするのだろうかと一番に関心を持った。ところが社会党の党首でもある村山首相がいともあっさり自衛隊容認の発言をしたのには唖然とさせられた。社会党が結党以来長年主張し続けてきた最大公約をこんなに簡単に放棄するとは。

おそらく社会党の凋落はここから始まったと私は思うし、これまでの根っからの支持者が社会党に絶望して離れていったのもむべなるかなと感じた。

一方この年の十二月十日、新生党、公明党、日本新党、民社党、自由党、新党みらいが合併し、衆議院議員百七十八人、参議院議員三十六人、計二百十四人からなる新党「新進党」を結成、それに労働組合連合が加わって「自社さ」政権に対抗する政党が出来上がった。

政局がこのように大揺れに揺れている最中、マグネチュード七・二の阪神淡路大震災が翌年の一月十七日発生、死者六千七百人に膨れ上がる大惨事になった。さらにこの年三月一日、オウム真理教事件が起こり、サリンによる無差別テロが発生、政局に加えて日本社会も大混乱に陥った。

また四月に行われた統一地方選挙で、青島幸雄氏が東京都知事に横山ノック氏が大阪府知事に当選、まさに既成政党に対する国民の痛烈な批判そのものであろう。

そんな混とんとした中の一九九五（平成七）年七月二十三日、第十七回参議院選挙が予定されていた。

私はといえば前年七月の総選挙に新生党から出馬して落選、二十年間の県議を終え、一開業医としての生活を送っていた。

選挙が近づくと各政党と組織が動き出す。特に新進党は党を結成して初めての参議院選挙であり、昨年の衆議院議員選挙では苦杯を喫しているので党の存在がかかっていた。しかし新進党は六つの政党と連合の寄せ集めで、各政党が一致して支持できる有力な候補者を見つけ出すのはどこの県においても難しい状況で、長崎選挙区でもいろんな名前が浮かんでは消えていた。私の名前も取りざたされたが、政治は卒業と割り切り新しい診療所を始めていたので私にはその気は全くなかった。

一方自民党ではすでに宮島大典氏が公認され農協が推薦し、前回の父親、宮島滉前参議院議員の雪辱を期すべく選挙運動を活発化していた。

承知のごとく長崎は自民党王国で特に参議院議員選挙は全県一区なのでこれまで自民党が圧倒的に強く、よほどのことがない限り自民党公認即当選と言って良く、社会党、共産党も公認候補を決定していたがあくまでも形作りであった。

新進党は中央では華々しく新党を立ち上げていたが、地方では公認候補者をなかなか決定できず、公示まで二か月を切ってしまった。

そんなある夜、西岡武夫衆議院議員から私は電話をもらった。県議時代の私は倉成派だったので西岡議員から直接電話をもらうのは初めてだった。西岡議員は新進党の幹部をしていて、私が選挙に出たいのにもたもたしていると思われたのか、出るのかでないのかはっきり決めなさいと言われ、私はその電話に強い違和感を覚えた。

翌朝今度は長崎の経済界の安達健二さんをはじめ何人かからぜひ出馬してほしいと頼まれたが、開業を本格的に始めていた私は前年衆議院議員選挙に出馬して敗北を味わったばかりだし、「推挙していただいてありがたいことですが、もう選挙には関わりません」と断わり続けた。

しかし時間的に追い詰められている長崎県の新進党は私が昨年衆議院議員選挙で善戦したと評価しているらしく、一層出馬を促すよう動きを強めてきた。出ない、出る意思はないと断り続けると、出ろ、出たがよいという声が倍になって返ってくる。新進党としては新党を発足しただけにスタートから不戦敗ではメンツにかかわる面もあるのだろう。これだけ頼んでも受けないのは男らしくないという奇妙な空気さえ醸し出されてきた。(私がそう感じただけかもしれない)

政治や選挙とは縁を切り開業に専念してまだ一年目なので、そっとしておいてほしいというのが私の偽らざる心情だった。しかもこの選挙は勝つ見込みが低いのは分かっている。新進党の帳面消しのため診療を長く休むのは、せっかく軌道に乗りかけた診療所経営が元に戻ってしまう。

そんななか羽田孜元首相から直接電話をもらった。「田浦君、もう一度力を貸してくれないか」

羽田先生が昨年の衆議院選挙で私の応援に長崎に来られた時、渋滞の中を真っ先に車から飛び降り、親和銀行本店前から中央橋の選挙集会会場まで走られた光景がまざまざと私の脳裏によみがえってきた。私は「分かりました」と即答した。勝敗はともかくその時受けた恩を忘れては将来後悔する。

余談だが、後に私の孫の名づけを娘から頼まれたとき羽田先生にお願いして、孜《つとむ》という名前を頂いた。孜という名は羽田先生の説明によれば、先生の父上が東京で本屋をしていた当時、親しくしていた作家の新田次郎氏につけてもらったという。

第十七回参議院選挙は七月五日公示、二十三日投票に予定されていたが、私が出馬を表明したのは六月三日で選挙のわずか一月半前であった。

新進党は成り立ちも政策も異なった新生党、公明党、日本新党、民社党、自由党、新党みらいの六政党と連合など労働組合の寄せ集めで、「ガラス細工の七頭立て馬車」と揶揄され、いつ内部崩壊するか、とマスコミは面白く報道を繰り返していた。

長崎県では西岡武夫、初村謙一郎、山田正彦、それに高木義明代議士が新進党に属していたのでそれぞれ縦割りの後援会が支援してくれ、それに連合、公明党で選挙態勢を組み、長崎県民社協会が柱となって長崎県庁の近くに選挙事務所を作ってくれた。一方私個人の選挙日程と行動は後援会の浦瀬清七郎氏が中心となり組み立ててくれていた。

候補者の私はただひたすら外回りに徹し、選挙本部や後援会の会合には一切接触しないで、そこで決定されたことには淡々と従った。

長崎県はご存じのように多くの離島を抱えていて、さらに県下八市七十一町村（当時）に行政区分され、十七日の選挙期間では一通り回るのがやっとで、出馬表明してから公示に入るまでは診療所は看護師さん任せで、毎日これら離島僻地をはじめとして県下の医師会、本部から指示を受けた団体、会社など徹底して回った。

これまでの県議会議員選挙、衆議院選挙では地続きであったので移動は車で出来たが、離島は天候に左右されるので日程を飛行機と船と二重に組んでおかなければならない。これだけでも離島は大変だと思う。

選挙では公費で選挙公報が作られ県下全世帯に配布される。しかしほとんどの候補者は事務的に取扱い、理想的な政策を書き並べたまるで役所の広報紙のようなものばかりで、有権者はまず読む気にならない。全所帯に配るのにそれではもったいないと私は考え、雑誌『ら・めえる』の編集人、広田助利氏と相談しながらユニークな広報紙を作ろうと取り組んだ。今読むと自己PRに力みすぎていると思えるが、今もってこんな型破りな選挙広報紙はないと思う。そのまま再掲するので読んでほしい。

自己紹介をさせていただきます。

私は「ルブルム先生」のあだ名で呼ばれることがあります。ルブルムとは、水虫の原因となる白癬菌の一種。私は水虫などを治す皮膚科医です。日赤長崎原爆病院皮膚科部長のあと、大浦町で田浦皮膚科を開業、潮見町の知的障害者施設の理事長もしています。小説も書いています

『ルブルム先生喜怒哀楽』は、私の小説のひとつです。長崎の総合文芸誌『ら・めえる』のレギュラー投稿者の一人で、その縁で、同誌を発行する長崎ペンクラブの会長にも推されています。

酒よりまんじゅう

酒はお付き合い程度で、甘いものが好き。中でも酒まんじゅうは大好きです。会合の後ビールになったような席でも、「ボクには酒マンば買うてきて・・・」とやって、笑われたりします。

趣味は囲碁

囲碁は、日本棋院の六段をもらっています。一昨年上海で開かれた長崎・上海交流囲碁大会に加わり、日中親善につとめました。碁に強くなる秘訣は「先を読む」こと。政治家に求められる資質も、まず先見性です。囲碁の「先を読む」力を、政治にも十分生かしたいと思います。

百パーセントじげもん

生まれは佐世保の相浦。学校は長崎（佐古―海星―西高―長崎大医学部）で、父（元参院議員の故直蔵）は小値賀、母は島原の三会の生まれ。長崎県にしっかりと根付き、県議五期・副議長を務めた地方政治家を、こんどはぜひ国会へ送り、郷土のために役立たせてください。

明るい高齢社会

老後の不安のない「明るい高齢社会」を築くことを使命と考えます。医療および福祉政策を最優先に、医師としての経験をじゅうぶん生かしながら、年金の改革、医療の改善などに力をそそぎたい。また参院を本来の良識の府たらしめるために、私の力のすべてを出し切りたいと思います。

百折不撓

おととし夏の衆院選で惜しくも当選を逃がしたあと、当時の新生党党首、羽田孜先生が、手紙で「百折不撓」という言葉を私に贈ってくださいました。どんな困難にもくじけない、志を曲げない、そんな心意気で国政を目指す田浦直に、県民みなさまの温かいご支援をお願いします。

今改めて読みなおすと自己宣伝が強すぎるのではないかと思うが、ユニークなのは間違いない。

またＮＨＫをはじめ地元民放テレビは候補者一人五分間の政見放送を無料で流してくれるので、これもぶっつけ本番で訴えることにした。原稿なしでやるのは冒険だが、どんな立派な文章でも原稿を読むのは視聴者に心が通じない。

ただこれくらいの工夫で自民党王国長崎県の自民党公認候補を破るのはありえず、保守色が強い農村漁村の票を切り崩さねば勝負にならない。そのための方策をいろいろ考えたが、私は最終的に農漁村の高齢化に着目した。

個人演説会は選挙期間中街頭、公民館、農協、漁協の広場などで毎日何回も開催されるが、その場は政見を聞いてもらうと同時に顔を売りこむチャンスでもある。ここで高齢化中心に絞って話すのはどうだろうか。

当時国の高齢化率は二十％を超えた所だったが、長崎県はさらに突出していて三十％を超え、離島、僻地では五十％近い町村さえあった。

その長崎県で私が高齢化問題に強い医師というイメージを個人演説の中で作りだせたら農漁村で注目されるのではないか。

有吉佐和子氏の「恍惚の人」が出版されて二十年たち、恍惚の人は長生きによるボケばかりでなく、アルツハイマー氏病のように医学的に解明されつつある。

また当時の医療、福祉制度だけでは高齢化問題をカバーしきれないところがあり、それが介護という制度につながっていくのだが、介護保険制度が始まったのは平成十二年四月だから平成七年のこの選挙の年には「介護」という言葉すら全く使われてなかった。しかし現実には農漁村で急速な高齢化が進み親子ともども戸惑い悩んでいる家庭が多いのではないか。

長崎県の農林、水産、観光、教育などを総花的に訴えるより、私は高齢化問題をテーマにしてこの選挙の勝負を賭けてみようと考えた。はたしてこの作戦が有権者に受けるかどうか。

選挙のスタートでは自民党候補宮島氏に勢いがあった。自民党のほかに農協が推薦を決め、実父が農政連委員長で、年齢も私が五十八歳に対し宮島氏は三十二歳の若さである。選挙初日長崎市内で宮島候補と選挙カーがすれ違った時、私は助手席に座り窓から顔と手を出して手を振っていたのに、宮島氏は窓から上半身を乗り出し両手を大きく振って若さのパフォーマンスを見せつけていた。

私は現行の医療、福祉制度では補えきれない高齢化社会の問題点を具体的に取り上げ、今でいう認知症の概念を医学的に説明して回った。離島、僻地の公民館では個人演説が終わると高齢の親の切実な相談を何人からも受け、老々介護がすでに長崎県の地方では現実に起こっているのを垣間見、このテーマは受けているのではないかと実感した。

マスコミは投票日一週間前に有権者の意向調査をするのが慣わしだが、このころは手を回せばそのデータは教えてくれていた。

その日曜日の夜、離島に宿泊していた私の手元にデータが届いた。私は勝っているのではないかと内心期待してそのデータを見たが、マスコミ六社まちまちの数値ではあったものの、いずれも宮島候補優勢であった。それを見て、やはり長崎は自民党王国なのだなあと私はあらためてため息をついた。ただその差がどの社も接戦で、二から五%内であったのはまだ救いだった。

この数字を見て私が真っ先に気になったのは、この数字を選対本部はどう評価するだろうかということだった。各マスコミ一致して劣勢だから負けだと諦めるか、わずかな差で善戦だ、一週間あればひっくりかえせると前向きに受け止めるか。

私は運を天に任せるような思いで翌日からの定められた日程をただ一途に続けた。

それにしてもこの選挙は暑かった。七月の炎天下、農漁村の広場での集会では屋根もなく一時間も立ちっぱなしで、最後には集まった参加者全員と握手して回るので、一日何か所かこなすと顔は真っ黒になって、子供の頃カクレンボで十を数える代わりに、〝インドジンのクロンボ〟と唱えたのを思いだした。また睡眠中にふくらはぎの痙攣をおこし熱中症と分かっていながら、翌日の遊説を休むわけにはいかなかった。

選挙三日前、長崎新聞の一面は参議院選の終盤情勢を取り上げ、大接戦で焦点は先行している自民党候補を新進党候補がどこまで追い上げるかと報じた。選挙前に心配されたガラス細工の七頭立て馬車は有難いことに結束を保ちながら最後まで走り続けてくれた。

いよいよ選挙当日。

投票は当時午後七時迄で投票率は例年より高いと報道された。開票の結果は八時から三十分おきにテレビで流される。

郡部から始まった開票は宮島候補リードで始まり、その後も少しずつ差を広げて宮島候補優勢で推移した。報道の度に一万票前後の差を見せながら一度も私が勝つ場面は現れなかった。

接戦には持ち込んだがやはりマスコミの調査通りだなと観念した十一時過ぎ、最後に長崎市の票が開かれた。そしてこの最後の開票でテレビはいきなり私に当選確実を打ったのだった。負け票ばかり何時間も見せつけられていた支持者がどっと沸いた瞬間だった。

最後の長崎市の開票で私は宮島候補に三万五千票の差をつけ一挙に逆転、八千票の差で勝利したのだった。

最終得票は次の通り。

当選　田浦　直　　174017　新進党

宮島大典　　　　　　165387　自民党
松田九郎　　　　　　98447　無所属
佐藤龍一　　　　　　96081　社会党
西村貴恵子　　　　　34032　共産党

二位との得票差八七三〇票、得票率わずか〇・五パーセントの勝利であった。

ガラス細工の七頭立ての馬車が最後まで壊れなかったのが勝因の第一であろうが、松田九郎候補が十万票獲得し自民党票が大きく割れたのも味方してくれた。

この参議院選挙は全国で新進党が改選議席十九を四十と倍以上に増やし大躍進だった。田浦家では兄弟四人のうち私が政治と選挙に一番関係がなく、父は私が医師になったことを自慢にしていたから、まさか直が、と今頃草葉の陰で驚いていることだろう。父が亡くなって三十年ぶりに私が参議院議員を継ぐことになった。

それにしても一九九五（平成七）年の参議院選挙では、私の自民党公認を絶対的な権力で阻止した田中派の大幹部が、今回は逆に私を全面的に応援するという政治の世界ならではの、「昨日の敵は今日の友」を地で行ったのだった。そしてこの敵味方の関係はこれから後もまだ続く。

この参議院議員選挙の結果は、

自民四十五、新進四十、社会十六、共産八、さきがけ三、無所属九、民改連二、平和・市民一、二院クラブ一

となった。

長崎県議会議員を辞め政界に区切りをつけ皮膚科開業医に専念した私が、紆余曲折の末こうして参議院議員として政界に戻ることになった。

それにしても県議二期目参議院選の自民党の公認争いで敗れ、開業医に専念した時の式見からの一通の手紙、予想もしなかった倉成親子の突然の衆議院選挙辞退、田中派分裂と羽田孜元首相からの一本の電話など、人の一生は思いもよらないところで思いもよらないように動かされるものだ。政治の世界に戻ってきたのは私に定められていた宿命だったのかもしれない。

振り返れば人生の分かれ道は幾つかあったけれども、実際に歩んだこの道に悔いはない。

八十路越え　財布の底に　初バッジ　　直

「参議院議員選挙」インタビュー

編集部　田浦さんが参議院議員選挙に初めて出られた一九九五年にはいろいろな事が起こりました。一月には阪神淡路大震災、三月にはオウム真理教事件、四月には東京都知事に青島幸雄氏、大阪府知事に横山ノック氏がなりました。そして七月の参議院選挙を迎えます。長崎県の政財界から参院選への立候補を勧められ、更に羽田孜元首相からも強く要請されて新進党から出馬することになりました。田浦さんが五十八歳のときですね。

田浦　はい、選挙区が一気に広くなりますから、それはもう必死に回りました。そして開票日になって午後八時からテレビの開票番組が始まりました。三十分おきに開票状況が進捗するんですが、ずっと自民党候補の宮島大典氏、今の佐世保市長ですね。当時は三十二歳です。彼に負けていました。「ああ、やっぱり長崎は野党では駄目だなあ」と、そういう気持ちでした。事務所でテレビを見ていた人達もそう思っていたと思います。ただ一万から二万票くらいしか離れてはいなかったんですね。だからまあ、それなりに善戦したなと思いました。

編集部　それが長崎市の開票で逆転しました。

田浦　長崎の票が開き始めた途端に、テレビが私の当確を打ったんですよ。もう私もびっくりです。結局八千票の差で私が勝った。だから長崎で約三万ぐらい私が取ったんですね。みんな大喜びですよ。自民党を倒したわけですからね。今まであり得なかったことだったですから、長崎の政界もびっくり仰天ですよ。

編集部　そして県議会議員から晴れて国会議員になりました。自民党候補に競り勝ったわけですから、感慨もひとしおだったでしょう。

田浦　それがね、当選の喜びは束の間で、すぐに東京での実生活の面で解決しなければならないことが沢山あるし、若干の不安もありましたね。というのも私は長崎から出たことはないし、中央の政界なんか全く知らないんですよ。だからね、国会議員になれた感慨よりも、スタッフをどうするのかとか、東京の事務所や宿舎をどうするのかということに気持ちが焦っていました。

編集部　この三章の句、八十路越え　財布の底に　初バッジ　これはどういう気分で詠まれたのですか。

田浦　これは八十歳になってから作った句。俳句というか川柳でもないし、まあ書き置きみたいなもんです。その書き置きを五七五の形にしただけです。実際は財布ではなくてバッグの中にいつもバッジを入れていました。

編集部　つけずに？

田浦　当選すると二個もらえるんですよ。一つは襟につけて、もう一個はバッグに入れていました。だけどまあ財布の方がかっこいいかなと。バッジを財布に入れて大事にしていたよという意味です。今でもバッグに入れてます。

編集部　返さなくていいんですか？

田浦　そうなんです。議員を一期するごとに二つくれるんです。

編集部　二期目になるとまた二個もらえるんですか？

田浦　ええ、三期すれば六個。

四、新進党から自民党へ

一九九五（平成七）年の参議院選で新進党は大勝、私は長崎選挙区から新進党公認候補で出馬、自民党公認候補を接戦の末倒し初めて国会議員に当選した。

新進党は衆参合わせた議員数では自民党と対峙出来るところまできて、形の上では二大政党が日本の国会でも実現したのである。

ただ新進党は選挙だけは力を合わせて戦ったのだが、新生党、公明党、日本新党、民社党、自由党、新党みらいの六政党に労働組合連合が加わってガラス細工の七頭立て馬車と言われた通り、いろんな政党の議員が混在しまたそのバックとなる強力な、たとえば創価学会、連合などの出身団体の意向もあり内部は非常に複雑な構成だった。

私の場合は新生党出身ということになるが、そこでも羽田グループと小沢グループに分かれていてお互い反目しあっていた。私はこれまでのいきさつから羽田孜代議士と行動を共にしていた。

何はともあれ東京で参議院議員として新しいスタートを切ることになった私だが、これまでの人生五十八年間長崎市から出たことのない生活だったので、東京についての知識は何も持たなかった。ただ一度東京に一年間滞在したことがある。約六十年前東京に憧れ飯田橋の東京警察病院でインターンの実習をした時で、その研修期間の途中で私は慢性腎炎を患い一年の半分を同病院に入院、さらに長崎に帰って大学病院に入院、計十一ケ月生死の境をさまよった。原因は不明と診断されたが、当時日本は高度成長期にあったので、東京の空気と水が汚染されていたせいだと私は信じていた。だから時代は移ったけれども、その東京で今度は六年間暮らすというのには何か不安もあった。今度慢性腎炎が再発したらおそらく私は終わりだろうなと心配もした。

ともあれ参議院議員として東京で活動することになったのだが、先に言ったように東京にも国会にも中央省庁についても知識はゼロなので、いったい東京でどう対応すればよいか早速難問に直面した。

まず東京事務所を立ち上げなければならないのだが、場所は参議院会館の中に国会が用意してくれていた。ただそれを動かすには秘書が要る。秘書は国が二人（現在は三人）国家公務員として雇ってくれるので助かったが、実際はそれだけでは足らず、また地元長崎にも事務所を作り地元秘書を配置しなければならず、これらはすべて自費なので金の工面も必要になる。

秘書については幸いなことに山田豊敏氏を金子原二郎衆議院議員（当時）が紹介してくれた。山田氏は原二郎議員の父上、金子岩三代議士の秘書として大臣秘書官を二度も務め自民党、中央官庁の人脈に精通しており、それぞれの掌握する仕事に熟知しているので、ポッと出の私にとってはまさに天の配剤のようであった。十二年間の私の参議院議員任期中東京事務所は全く山田秘書にまかせっきりでまた山田は陳情者の対応、省庁への陳情、宴会の世話など見事に仕切ってくれた。

東京でもう一つ至急見つけねばならないのは私の住まいで、驚いたことに参議院宿舎は数が少ないので抽選と言われ、その抽選に見事私は外れた。

仕方なく宿舎が空くまで私は長崎から通勤することにした。飛行機代は国会がクーポン券をくれるので助かったが、金曜日に長崎に帰り火曜日に東京に出て来て、議会中は東京のホテルに宿泊するという金帰火来を続けながら国会活動をこなした。

参議院議員になると私の後援会長も変わった。一九七三（昭和四十八）年の県議会議員初挑戦以来、城谷勝明長崎市医師会会長がその役を引き受けてくれ、この参議院選挙までの二十年間本当に全力で応援してもらった。

その城谷会長は私が参議院議員に当選すると、参議院選挙は県下にまたがるので県医師会長が適任だと言われ、井石哲哉長崎県医師会長と交代された。

さて新しく結成された新進党だが一九九四（平成六）年十二月の発足当初、党首は海部俊樹氏、幹事長が小沢一郎氏でスタートしたのだったが、翌年の私たちの参議院議員選挙が行われた時は小沢氏が二代目党首、西岡武夫氏が新幹事長に就任していた。

国会議員は議会に上程された法案を審議するのが第一の仕事であるのだが、新進党ではその法案の賛否については前日に上から指示があり、我々新人は言われた通り賛否を投票していた。小沢会長、西岡幹事長共に「黙って俺について来い」という姿勢の政治家だった。

しかし各種法案にはそれぞれ議員やその関係者の利害が絡むことがあり、法案の勉強会や研究会など全然開催されないため意見を述べる場がなく、その上意下達のやり方には当然不満が募った。それともうひとつ、国から党に配分される政党交付金は所属する政党の国会議員数で平等に支給されるのだが、新進党ではそれを党幹部が一存で議員に差をつけ配分している、とその透明性を求める声も上がった。

しかしそれらの声は執行部には全く受け入れられなかった。

そこで私達新人議員の有志は協議して、党は新人議員の声を聴く場を持ってほしいという要望書を執行部に提出した。私もその世話人の一人になっていたが、しかし執行部からはこれもまったく無視された。

けれども党内で我々新人議員に同調する声が次第に大きくなり、ついに執行部も新人議員総会を開かざるを得なくなった。

初めて開催されたその会の席上でまず私は世話人の一人として手を挙げ要望書の内容を説明、党の民主化と不透明な政治資金の配分を明らかにするようにと訴えた。出席していた新人議員は大きな拍手で私の意見に賛意を表してくれたが、それからは執行部寄りの議員が次々に発言を求め、執行部を擁護すると同時に今回の行動は党の結束を乱すものと激しく私たちを糾弾、厳しく処分するように申し立てた。全く理不尽な反論に私は唖然とさせられたが、結局この会合は最後まで批判の応酬で何らの成果もなく終わった。

当時は西岡武夫先生が幹事長をされていたので私は直接話を聞いてもらおうと幹事長室を訪れたが会うのを拒否され、それではと離党届を秘書に預けようとしたがそれも断られた。私はしかたなく小沢党首にその離党届を書留速達で送った。参議院選挙当選後約一年目の一九九六年九月二十六日だった。

しかし執行部からは何の連絡もなくこれも無視された状態だったので、離党届は受理されたものと理解するだけだった。

当時西岡幹事長お膝元の長崎の参議院議員が離党したというのでマスコミで大きく取り扱われた。

ところが思いもかけずそれから二か月後の十一月十九日、新人議員で行動を一緒にしていた畑恵参議院議員ら三人とともに、私を新進党から除名するという最も厳しい処分を下されたのだった。

せっかく二大政党を目指して新進党をここまで一緒に立ち上げてきたのに、何の説明もなく弁明の場も与えず除名とは。これが公党のやり方なのか。

新進党は小沢一郎氏が実権を握ってからは独断専行の場面が多くなり、親小沢と反小沢の確執がますます激しくなっていた。

小沢氏は党首になってわずか二年余りで党除名十人、党離党三十五人と自分の意に逆らうものは徹底的に切り捨てたのである。良くも悪くも小沢流の党運営であろうが、ついには自民党を共に離党し二人で新生党を作り上げた盟友羽田孜氏も小沢氏と袂を分かち新進党を去って行った。

私の除名は信念に基づいて取った行動だからひとつも悔いはないが、わずか一年前新進党で出馬した私を懸命に応援してくれた地元長崎の人たちには言い訳が立たず、今でも支持者の皆さんに忸怩たる思いがある。当然だが長崎では地獄に落ちろなど厳しい抗議の電話が自宅に相次ぎ、電話が鳴るたび家族は震えていた。

ただ言い訳になるかもしれないが、新進党は私の離党後わずか一年で強引な党運営から内部分裂をきたし空中分解、解党に追い込まれた。

新進党を構成していた有力な政党も元の政党に別れ、それぞれ元の道を歩き始めた。七頭立てのガラス細工の馬車は遂にバラバラになってしまったのである。

小沢一郎氏は乱れた政界をまとめ上げる能力はこの人を置いてはいないと断言できるほど評価できるが、乱を好む人らしくいつまでも乱を追い続け結局最後に破綻する。新進党は小沢氏によって作られ小沢氏によって潰されたといっても過言ではないと思う。

もしもであるが新進党が参議院議員選挙に勝った時点で盟友の羽田孜氏に党の運営を任せていたら日本の二大政党は定着していたのでは、と現在の政治状況を見ながら私はつくづく残念に思うのである。

この頃私は清水谷にある参議院宿舎の独身寮に入ることが出来た。場所はニューオータニの真横で立地は非常に良いところだが、独身寮ということで、部屋は六帖（京間）二間で台所には流しとガスコンロが一つあるだけ。風呂もシャワーもないのには驚いた。しかしとにかく寝るところだけは確保できたので一安心だったが、結局生活の主体は今までのように長崎で、私の金帰火来はこの後も続いた。

新進党を除名された時点で私は無所属議員になりそれで参議院議員は終わるとそれなりに納得していた。

ところがそんな私に自民党は入党を働きかけてきたのである。先の選挙で大幅に議席を減らした自民党にとっては、一つでも議席を取り戻すことが使命だったのかもしれない。ただ私の方は立場が違っていた。地元長崎にはわずか一年前新進党で応援してくれた人達がいるのである。新進党は除名されたと言え、この人たちは一年前私のために自民党と戦ってくれたのである。それを思えば私には自民党に入るという選択肢はない。

さらに私はかって日本医師会、自民党本部に手痛い目にあわされ根強い不信感を持っていた。

十二年前に遡るが参議院議員長崎選挙区の自民党公認争いがあった時。私は自民党長崎県連の選挙対策委員会からその候補として推薦され、長崎県市医師会も強力に支持してくれた。

一方日本医師会はこの選挙に沖縄県出身の医師大浜方栄氏を新人の自民党比例候補とし

て擁立していた。この時の比例区選挙は各政党がそれぞれの候補に順位をつけ選挙公示前日選管に提出する方式に変わっていた。

当選圏内と目される自民党の比例順位はおおよそ十五位以内で、大浜氏をそこに載せてもらうのが花岡堅而日本医師会長にとっては最大の仕事だったのである。

当時の自民党幹事長は二階堂進氏で、二階堂氏は田中派の大番頭も兼ねていた。その田中派は長崎選挙区に宮島滉農協長を擁立していた。

二階堂氏は田中派の勢力を維持するためには何としても長崎では宮島公認を勝ち取らねばならない立場だったのである。

私が長崎県連の選挙対策委員会からその公認推薦を取り付けたのでその決定を何としても阻止するため、田中派は全力を挙げて切り崩しにかかった。

まず日本医師会推薦の比例代表候補の順位を人質にして、長崎県医師連盟に私の推薦を取り消すようにしつこく圧力をかけてきた。さらに自らの秘書を長崎グランドホテルに一か月滞在させ、選挙対策委員会での私の推薦を県連総務会で白紙に戻させるべく県連総務一人一人に働きかけたのだった。そのやり口は『ルブルム先生奮戦記』（長崎文献社）の〝ドンキホーテの選挙〟に一部始終書いているのでぜひご覧いただきたい。

私はこの時の恨みを今もって引きずっていたのである。

すでに十二年たっているので自民党の幹事長も当時の二階堂進氏から加藤紘一氏に代わり、また日本医師会長も花岡堅而会長から坪井栄孝会長に代わっていて、坪井会長は私の後援会会長となった井石哲哉長崎県医師会長とは親しい間柄だった。

その加藤紘一幹事長、坪井日本医師会長、井石長崎県医師会長が間に入って私の自民党入党のため苦労されているのはよく分かっていたが、私にはどうしても十二年前のそのしこりが強く、自民党入党をかたくなに拒み続けた、
そんなある日私は橋本龍太郎総理総裁から秘かに私邸に呼ばれた。時の総理が自民党員でもなくまた一面識もない平参議院議員を私邸に呼ぶのはよほど異例のことに違いない。

私は参議院会館から総理の回された黒い車に乗った。指示されたように私は無言のままで車は首相私邸に横づけされた。私邸は首相公邸の隣に位置している。

部屋に通されると総理は気を遣ってか和服を着て秘書も置かず、リラックスした様子でひとり私を待っておられた。

私が椅子に座ると、「酒はどうですか」と開口一番勧められた。私はそれを断ってお茶がいいですと返事した。少しの雑談後総理は私に単刀直入、「自民党に入ってくれませんか」

とおっしゃられた。私はその質問をあらかじめ想定していたので答えは準備していた。

「総理は何度も選挙をされておられますからお分かりになると思いますが、私は地元で応援してくれた人々のことを思い浮かべると、たった一年でその人たちを裏切ることはとても出来ません。有難い話ですがどうかご理解ください」

私がそう答えると総理はこの件については何もおっしゃらず、会見はあっけなく終わった。

私はその足で長崎に戻り井石後援会長に会見の様子を報告したところ、思いがけないことを言われびっくりした。

「総理に呼ばれて私邸に行ったらそのこと自体がイエスと返事したことになるのだ、それが永田町のしきたりだ」と説諭されたのである。

国会議員一年生の私にとっては初めて聞かされる話で、永田町にはそんな慣習があるのかと私の心は動揺した。そうであれば総理から回された車に乗ったにもかかわらず、慣習を知らなかったでは済まされない。したり顔で総理に返答したのは何だったのだと私の心は大きくぐらついた。

その数日後今度は井石会長ともども自民党加藤紘一幹事長から赤坂の料亭に呼ばれた。そこには青木幹雄自民党参議院議員会長も同席されていた。

幹事長は総理と同様私に自民党入党を希望されたので、それでは地元で応援してくれた人たちに申し訳がたたないと私は返事を渋った。すると幹事長はにわかに自分の懐から手帳を取り出し、そこに書いてある名簿を私に見せながら、この人が連合の選挙担当、創価学会はこの副会長が選挙を仕切っている人などと一人ひとり説明し、みんな私が親しくしているから間違いなくその了解を得る。その件はすべて私に任せなさいと説得された。

橋本総理にお会いし井石会長から永田町の慣習の説明を受けた時から私の心はすっかりぐらついてしまっていた。そのうえ本当に加藤幹事長が支持者の了解を取りつけてくれるなら、と私の反発心もついに折れた。

今当時を思い返しながら、自民党入党を拒み続けた私に辛抱強く説得してくれた井石哲哉後援会長、坪井栄孝日本医師会長、加藤紘一自民党幹事長、それにおそらく縁の下で働いたであろう山田豊敏秘書の四人には感謝してもしきれないほどの世話になったのだという思いが募ってきた。あの時この中の一人でも私の強情さに嫌気をさして手を引いていたら、私は残りの任期をひとり無所属で過ごし次の選挙もなかった。

当時それはそれでいいと考えていたが、参議院議員として後に述べるようにいささかでも実績を残せたのは自民党に入ったおかげだからその恩義は大きいと思う。

それにしても橋本龍太郎総理との会見は一体だれがどのようにしてセットしてくれたのであろうか。今は懐かしい思い出になったが、常識では一面識もない一年生議員を私邸に呼ぶなどありえないはずである。

自民党に入党するとさっそく青木幹雄参議院議員会長から宏池会を紹介された。

宏池会は池田勇人元総理が作られた政策集団で、加藤紘一幹事長が所属していたのでその配慮からだろうと察しはついた。ただ私は先に述べた十二年前の参議院議員長崎選挙区選挙で田中派と泥沼の公認争いを続けていた時、最後まで私を支持してくださった宏池会幹部の重鎮、故金子岩三代議士へのささやかな恩返しの気持ちが強かった。

宏池会の池田行彦会長に入会のご挨拶に行った時、会長は私を副国対委員長に推薦してくれたのに私はそれを断った。それなら副幹事長はどうですかと言われ私はそれも即座に断った。会長は少し怪訝そうに私を見つめて、田浦さんは何がしたいのと尋ねられたので、私は党務ではなく参議院では政策を勉強したいと思っていますと答えた。

参議院は衆議院とは異なり政策の場であるべきだと強いこだわりを私は持っていた。そのこだわりからせっかくの会長のご好意を無にしてしまった。これも私のアマノジャク精神だろうか。

自民党に入ってまず感心したことがある。

党本部で朝八時か八時半から毎日いろんな政策の勉強研究会、陳情の会が開かれていて、自民党議員は誰でも自由にどの会合にも参加できる。そこで手を挙げれば必ず指名してくれ途中で発言を遮るようなことは決してしない。またそこには必要に応じて担当省庁の部課長が出席しているので関連する質問には答弁してくれる。

参議院で私は厚生委員会に所属していたのでその関係なら直接厚生省（現在は厚労省）に尋ねることが出来るが、他の省庁のことはこの場が私にとっても大変役に立った。

たとえば長崎新幹線。

新幹線は自民党の整備新幹線委員会で決定されるが、九州新幹線のうち博多から鹿児島新幹線の認可は問題ないが、西九州ルート（長崎新幹線）は当時置き去りにされそうな流れであった。確かに北陸新幹線、北海道新幹線はその沿線県から熱心な陳情団が大勢押し寄せて非常に熱気があったが、それに比べると長崎新幹線は関係県も少なく時間短縮効果も小さいせいか熱意が今一つ感じられなかった。私はなんとか関心を持ってもらおうとこの委員会で必ず長崎新幹線のことを発言し新設に協力をお願いした。

政治家として初当選したばかりの長崎県議会で、放射線漏れで日本海を当てもなく漂流していた原子力船「むつ」をその修理のため、佐世保港に入港させるかどうかでもめにもめたのをしっかり記憶していた。

久保勘一知事が最終的に当時の自民党三役に長崎新幹線優先の念書を書かせたのを鮮明に思い出し、それほど苦労したのだから長崎新幹線はぜひ実現させたいという思いが私にはあった。

長崎県庁にその念書が大事に保管されているという発言を自民党のその委員会でしたこともあったが、会合が終わるや否やひな壇の幹部が私の傍に来て、その話はどんどん発言したが良いと助言してくれた。

念書のことは新幹線関係者なら誰もが知っていると私は思っていたのに、すでにあれから二十年も経っていて知らない自民党議員が多数になっていたのだった。

また九州新幹線のルートを決める段階でミスター新幹線と呼ばれていた野沢大三委員長が、長崎新幹線は博多—鹿児島の九州ルートに新鳥栖駅が出来るかどうかが一つのカギになると教えてくれた。長崎新幹線を実現する場合新鳥栖駅が起点に予定されていたらしい。鳥栖駅からわずか五分の場所にわざわざ新鳥栖駅を作る必要はないと考えるのが当然だろう。九州新幹線の路線発表で新鳥栖駅の名があるのを見たとき、長崎新幹線は実現するかもしれないと私は一人ほくそ笑んだ。

もう一つ捕鯨再開を進める委員会。

捕鯨が盛んだった長崎県出身ということで私は同じく捕鯨の盛んだった山口県出身の林芳正参議院議員（当時）とこの会の幹事にされた。

有川や生月などの離島が捕鯨で栄えていたのを思い私は捕鯨再開を強く主張した。小値賀町でも父の生まれた六島から捕鯨が始まり、小田家という捕鯨創始者の住宅が今も長崎県有形文化財として小値賀町に残っている。

アメリカ、オーストラリアなど反捕鯨国は我が国の沿岸捕鯨すら強硬に認めないので、私も林議員もそれならば日本はＩＷＣを脱退すべきと政府に激しく迫った。ただ日本政府はアメリカのしっぺ返しを怖れてか私の在任中は実現しなかったが、二〇一九（令和元）年六月三十日ようやくＩＷＣを脱退、現在日本沿岸での捕鯨が出来るようになった。

鯨肉が食料として昔のように普及すれば、長崎県の離島も潤う時が来るかもしれないと私は淡い期待を抱いている。

政界の　荒波飲んで　八十路越え　　直

「新進党から自民党へ」インタビュー

編集部　一九九六年の九月、田浦さんは新進党に離党届けを出しました。

田浦　新進党は小沢一郎党首と西岡武夫幹事長で仕切っていました。両者は「俺について来い！」というタイプで、全く人の話を聞きません。まして新人議員の意見なんて絶対聞きません。法案が出ると小沢さんら執行部が賛成か反対かを決めて、我々はそれに従わなければなりませんでした。ただ新人議員とは言え、後援会やバックがありますよね。例えば創価学会とか連合とか農協とか医師会とか、いろいろとバックを持って上がってきています。ですから場合によっては、そのバックが反対する法案もあるわけで、議員は板挟みになって困るんです。執行部に反対すると「けしからん」と処分されるし、いっぽう後援会の方は「当選させてやったのに自分たちの言うこと聞かない」となりますよね。ですから執行部と議員との話し合いの場を作ってほしいと強く思うわけですが、小沢さんや西岡さんは頑として協議の場を作りませんでした。

ある時、多くの議員が集まる会合で私は政策について話をする議員総会みたいな場を是非開いてくれと発言しました。すると集まった人達は一年生が多かったから拍手をして喜んでくれました。しかしその後は、多くの小沢シンパから「党を分裂させるようなことを言ってどうするのか！」と私は徹底的に叩かれました。私は「そういうことを言っているんじゃない」と言っても聞く耳を持ってもらえませんでした。それで私が「もう分かった。じゃ責任を取ってやめます」と言って辞表を小沢さんの事務所に持って行ったら事務員が受け付けない。仕方がないから幹事長室に行って、西岡先生が戻るのを待っていました。西岡先生は一時間ぐらいで帰ってきましたが、私を見ても知らんぷりでした。そこで受付に西岡先生への面会を希望したら「会わない」ということでした。もうよっぽど腹を立てていたんでしょうなあ。それで辞表を小沢会長宛に内容証明付きの速達で送ったわけです。そしたら半年経ったころに除名の通知が届きました。

編集部　その後、自民党に入られました。かなりの葛藤があったでしょう。

田浦　自民党への入党を強く勧められましたが、私は断り続けていました。そうしたら、当時の首相の橋本龍太郎さんに私邸に一人招かれました。橋本首相は和服を着て「少し飲まれますか？」とか、そういう内輪の、腹を割った雰囲気を作っておられた。そんなにしてまで自民党議員を増やしたかったんですね。で、私は橋本龍太郎先生に言ったんです。「先生も選挙されているからお分かりと思いますが、応援した人を一年で裏切るようなことは出来ません」と言ったらね、黙ってられた。それでね、私はそのまま帰ったんです。

編集部　滞在時間はどのくらいでしたか？

田浦　いや、もう三十分もなかったと思いますね。もう他の話もほとんどしなかったですからね。

五、原爆の申し子

一九九五（平成七）年の参議院議員選挙に新進党から出馬し初めて当選した私だったが、一年後にはその新進党から除名され、さらに翌年にはその新進党自体が内部分裂を起こし、あろうことか新進党は消滅してしまった。その後自民党に入党した過程は前回詳しく書いたが、参議院議員選挙に新進党から立候補以来、同選挙当選、一年で同党離党更に除名、そして戦ったばかりの自民党入党と目まぐるしく私は政界に翻弄された。

二〇〇〇（平成十二）年は二期目の参議院議員選挙が行われる前年になるが、その年の四月五日、時の小渕恵三首相が脳梗塞で倒れるという予期せぬ出来事が起こった。診察の結果相当の治療期間を要すると診断され、小渕内閣は急きょ総辞職した。

そのため自民党は急きょ新たな首相を作らねばならなくなった訳だが、とりあえず当時幹事長だった森喜朗氏をその後任に充てることでしのいだ。ただこの選出が五人の自民党有力議員のみで決められたとあってこの決定には党内からも〝密室談合〟との批判がつきまとった。

あわただしく首相に就任した森首相だったが、ただちに総理として政務をこなさなければばならなく、その一つとして神道総会に出席し祝辞を述べたのだが、そこで〝日本は天皇を中心とした神の国〟と発言したのがマスコミに集中攻撃を浴びた。この発言は憲法の定める政教分離に違反しているというのである。

悪いことに同じ時に宇和島高校の実習船（えひめ丸）がハワイ沖でアメリカの原子力潜水艦に追突され沈没、九人の犠牲者を出すという惨事が起こった。その時刻、森総理はゴルフをやっていてラウンドが終了するまで止めなかったと報道され、これもまたマスコミから一斉に非難された。

神道総会には私も出席していて森総理の祝辞は直にその場で聞いていたのだがその時は何も感じず、翌日新聞で叩かれたのを読んでこれが憲法に触れるような大問題だったのかと驚いた。またゴルフの記事にしても、チョコレートを賭けていたのが〝賭けゴルフ〟と新聞の見出しに大々的に書かれたのにはいささか気の毒に思った。

ただ森総理はその誕生が密室であり、またその言動には確かに軽率なものが多くマスコミの好餌になり、森内閣支持率は急速に低下し遂には七％という前代未聞の一けた台まで落ち込んでしまった。

先日菅義偉総理の支持率が低迷して自民党総裁選への出馬を断念するという事態が起

こったが、この時の菅内閣支持率が二十三%だったのと比べると、七%というのはいかに低い支持率だったか分かると思う。

総理大臣になるとその一言一句が注目され、一般人にはありふれた言動も批判の対象になるのは当然であろうが厳しいものである。

この森内閣不支持によって自民党はかってないほど苦境に陥り、一年後に行われる参議院選挙はどのマスコミの調査でも自民党苦戦をうかがわせるようになった。

私が出馬予定になる長崎県選挙区でも同様で、野党はこれまでになく活気づき三年前の参議院選挙で自民党現職の松谷蒼一郎氏をわずか二万七千票差まで追いつめた同じ野党候補が今回は満を持しているという状況だった。

そんな中自民党長崎県連では選挙区の立候補希望者を募集したが手を挙げる者は一人もなく、現職の私が立候補を表明しただけだった。毎回選挙のたび公認問題でもめにもめる自民党県連の選挙対策委員会も、今回は何の波乱もなく私の公認推薦はすんなり決まった。十二年前の参議院議員選挙で私と農協の宮島候補との公認争いが一年間も決着がつかなかったのに比べ打って変わった公認決定になったが、私にとっては喜びより何か悲壮な門出の感があった。

自民党に入党した時青木幹雄参議員会長から、「一期目の最も大事な仕事はなにか」と聞かれ私が返事を戸惑っていると、「それは二期目の選挙に勝つことだ」と言われたのが改めて胸に響いた。

私なりに選挙活動はしてきたつもりだったが、あまりにも国民の自民党離れがひどく、ちょうど二十四年前の土井たか子ブームの再来を思い出させるような様相を呈していた。

そんな状況下で二〇〇一（平成十三）年の自民党大会が三月十三日開催された。

参議院議員選挙を四か月後に控え、このまま選挙に突入すると自民党大敗は間違いないともっぱらうわさされていた。

ところがその大会の冒頭あいさつで森総裁は自らの総理総裁の辞任を表明されたのだった。

その表明は私には唐突の感があったが、しかし総裁辞任は当然のように大会で了承され、同時にそれを受け四月二十四日に後任の総裁を選ぶ自民党衆参両院議員総会が併せて決まった。

皮肉なことはこの森喜朗総裁の辞任決断が自民党再生への最高の捨て石になったことだ。

後任の総裁を選出することになった自民党衆参両院議員総会には、併せて地方の自民党党員票が加わることも決まった。

そしてこの総裁選挙には橋本龍太郎、小泉純一郎、麻生太郎、亀井静香の四氏が立候補を表明した。

私も何回か自民党総裁選挙に投票する機会があったが、麻生太郎氏が出馬した時はいつも麻生氏に投票してきた。派閥の意向には従わず三回はそうしたと思う。個人的には麻生氏とはなんら面識はなく麻生氏から働き掛けを受けたこともなかったのだが、九州から総理を出したいという私の単純な思いからだった。だからこの選挙にも私は麻生氏に一票を入れた。

ただ四人の候補の中では最大派閥の橋本龍太郎氏が最も有力視されていた。にもかかわらず選挙のふたを開けると小泉純一郎氏が地方の自民党員票を圧倒的に集め、その勢いに乗って衆参両議員の票も大量に獲得、小泉純一郎氏がこの自民党総裁選挙を大勝したのだった。予想外の総裁選の結果に自民党は大いに湧いた。

引き続き二日後の二〇〇一（平成十三）年四月二十六日に開催された臨時国会の衆参両議院で、小泉純一郎氏は新しい総理大臣に選出された。あれよあれよという間に予想外の総理が誕生したのだった。

自民党内で異色の存在だった小泉総裁は総理に指名されると組閣もこれまでとは全く異

例の取り組みで行った。

従来のしきたりである自民党の各派閥からの推薦意向は完全に無視、さらに田中真紀子外務大臣をはじめ女性大臣を過去最多の五人も誕生させ、さらに若手議員を多数登用しこれまで見られなかった大胆な大臣人選を執り行った。

この独断的な組閣に加え政策では聖域なき構造改革、特殊法人の整理、財政支出の削減などかつて歴代の総理が手を触れえなかった課題を取り上げることも公約とした。

総理らしくない歯に衣を着せぬ発言も加わってマスコミ、国民の高い賛同を得てその内閣支持率は一挙に回復、なんと森内閣の七％という支持率から戦後歴代内閣最高の七十八％を記録する内閣がここに誕生したのだった。

小泉人気は政界、マスコミだけにとどまらず、自民党本部ではグッズ販売コーナーで小泉首相をあしらった携帯ストラップ、ポスター、フィギュアなどを購入しようとする若い人で行列が出来るなどその人気はたちまち国民の間にも広がっていった。

長崎の中央橋にある私の事務所でも女学生が小泉ポスターを求めて入れ替わり立ち替わり来訪、こんな事は八回選挙をやった私も経験のない出来事だった。

政界ではよく一寸先は闇というが、選挙が三か月後に迫った私にとっては小泉純一郎総理の背中からまばゆいばかりの後光が輝いて見えた。本当に政界は何が起こるか分からない所だ。

私は総裁選挙で小泉氏に投票しなかったのだが、小泉氏は自民党の厚生族で私は個人的に面識があったので選挙用に小泉総理とのツーショットの写真を撮らせてもらい、中央橋の個人演説会には来賓として応援に来ていただいた。

その演説会はすごい人気で車道、歩道すべて立錐の余地なく、七月真夏の選挙だったので熱中症で倒れる人が続出、救急車で何人も病院に運ばれるという騒動まで起こした。

前回の参議院議員選挙で私は高齢化をテーマにして戦ったが、今回はそれを「年金」でやろうと準備していたのだが、この小泉人気はそんな工作など全く無用のものにしてしまった。

西日本新聞長崎支局長馬場周一郎氏は投票直前、「社の意向調査では先生が倍の票で勝つと出ています」と信じられないという顔で打ち明けてくれた。

二〇〇一（平成十三）年七月二十九日に実施されたこの選挙は
田浦　直　三五六九三四
光野　有次　一九五六七〇

田中広太郎　四六一九九
小川貴美子　四四二六二
松本　幸子　二五二六五

という結果だった。

自民党公認の時点では落選もやむなしと見られていた私が、小泉総理の誕生で逆に二位に二倍近い票差をつけて当選したのだった。

松谷蒼一郎参議院議員からは「自分の選挙は逆風ばかりなのにあなたは本当に運が良い」と羨ましがられた。この選挙はまさしくそのとおりだ。


最高の票で当選した夜、布団の中で次から次へとこれまでのことが頭に浮かんできて眠りにつけず、遂には次の参議院議員選挙のことまで考え始めた。

次の選挙は私の年齢がちょうど七十歳になる。その選挙に出馬して当選すると七十六歳まで参議院議員を務めることになる。

この当時の平均寿命は男子七十七、八歳だったので、その計算で行くとほぼ私の人生はその任期で終わりを迎える。政治家で全うする人間ならばそれは最上だろうが、おそらく私は悔いを残すだろうと考えた。

　人生最後の十年ぐらい気ままに自分の好きなことをしてもいいのではないか、という気持ちが心から離れないのである。

　父の最後の選挙も頭に浮かんだ。私の父は参議院議員選挙に当選し四十三日目に六十六歳で亡くなったと前に書いたが、その選挙直前に黄疸が見られるようになった。秘かに高岡義人長崎大学教授の診察を受けたところ教授は私を呼んで、生検ではがん細胞は見つからなかったが、症状からは肝臓がんの可能性が極めて高い、選挙もあることだから告知についてはあなたの判断に任せると説明された。

　私は当時ＡＢＣＣ（原爆調査委員会）に勤めていたが、それを聞かされどう対応したらよいかずいぶん悩んだ。結局病名を伏せて今度の選挙はやめた方がいいのではないかとだけ父に言った。その父から、やめたら病気が治るのかと尋ねられて私は返事に窮した。おそらく父は薄々がんではないかと感じていて覚悟の上で人生最後の戦いを挑んだのだと思う。

　それも立派な生きざまであると思うが私は違う。選挙と政治活動で無理をして持病の慢性腎炎を悪化させれば不自由な体にはなりかねない。人生の最後は好きなことを好きなように出来る健康な身体でありたい。

思案を重ねた末、次の選挙には出ないのが自分に一番正直で悔いを残さない生き方ではないかというのがその夜の結論になった。

人生をいかに生きるか、六十四歳になった私には確かに大きな問題だが、ただ今日一日ぐらい当選の喜びに浸ればいいものを、私も相当変わっているなと布団に潜ってひとり笑ってしまった。

二期十二年の参議院議員任期中はかねてから思い通り政局より政策を重視し、十年間は厚生（のちに厚生労働）委員会に所属、厚生畑一途の政策に専念したといって過言ではないと思う。

医師とそして被爆者の立場から国会では私なりの存在感はあったと思うが詳しくは後に述べたい。

自民党に入党すると一九九五（平成七）年同期当選組の医師、歯科医師、薬剤師、厚生省局長など同期生六人で政策集団「六人会」を結成、二十一世紀の医療、福祉、介護の在り方を考えるシンポジウムを全国各地（宮崎、長崎、東京、福岡、金沢、山形、鳥取、富山）で開催、地元の声を自民党政務調査会に届ける役割をこなし党からは高い評価を受けた。

厚生委員会を外れた二年間は、一年はまったく畑違いの経済産業委員長に任命された。同委員会では東北大震災のあと福島原発の原子炉にひびが入ったということが判明し、その状況確認と対策に勝俣恒久東京電力社長を参考人として呼んだことが記憶に残っている。勝俣社長は私同様囲碁が趣味らしく、退職後読売新聞社主催の棋道懇談会で時々お目にかかっている。

またもう一年は参議院議員最後の年、防衛外交委員長に指名された。実はこの最後の一年は東京在住の記念にと東海道五十三次踏破を思い立ちその中途だったので、参議院議員最後の一年間ぐらいフリーにしてほしいと党にお願いしたのだがそんなわがままが許される訳はなかった。

この外交防衛委員会は沖縄米軍海兵隊のグアム移転に伴う予算の審議があり、野党の反対は見え見えでとても東海道を歩くような時間が取れるはずはなかった。

実際、委員会は大荒れに荒れた。最後は強行採決になりテレビで私が野党議員にマイクを取られ立ち往生しているのを見られた方もおられると思う。

強行採決は前に厚生労働委員会でも経験したことがある。その時は自民党で筆頭理事だった私が委員会での指揮を執った。ドタバタの中で委員長が採決しているように見えるが、実際は前日秘かに自民党内で綿密にスケジュールが作られる。いつ誰の発言中に質疑打ち切りの動議を出し、間を置かず誰が賛成の発言をするか。その時点になると野党の委員が委員長の席に押しかけマイクも台本も取り上げ怒号で委員長の発言が聞こえなくなるので、委員長の横にいる私が挙手したら自民党の委員は一斉に手を挙げる。その繰り返しを何回行うと周知させている。

この外交防衛の時は委員長だったので関連法案と併せて幾つかの法案の名称を空で暗記して大声でそれの賛否を求めなければならない。緊張の連続である。

委員会の強行採決はまさに委員長と筆頭理事との共同作業と言える。

また小泉内閣で厚生労働政務官を一期務めさせてもらったが、その任期中ハンセン氏病患者の国家賠償についての裁判があったのは思い出深い。

一審では国の責任を認める判決が出たが、私は自分の体験からこれは控訴すべきではないと厚生省の幹部会で政務官として意見を述べた。

私が皮膚科部長として長崎原爆病院に勤務していた時、鹿児島県から診察に来た患者をハンセン氏病ではないかと疑い、長崎大学野北通夫皮膚科教授のもとに連れて行ったことがあった。当時ハンセン氏病と診断するのは資格を持った人の診察が必要だった。

原爆病院から大学病院まで原爆病院の車で私も同乗して患者を連れて行ったのだが、後にハンセン氏病患者と知ったその運転手は真っ青になり、車を徹底的に消毒し、着ていたものはみんな焼き捨てたと聞いた。私は相当恨まれたが、そういう時代だったのである。ただ厚生省幹部会の雰囲気から国は控訴に踏み切るだろうと私は肌で感じていた。それ故テレビで小泉首相が「控訴しない」と発言したのを見た瞬間私は本当にびっくりした。厚生省の幹部も私以上に驚いたと思う。同時にこれが政治かと感動したことも覚えている。

国会において私が厚生官僚と対等以上に論争できたと言い切れるのは二年に一度改定される医療保険の診療報酬をめぐる論戦である。

勤務医としても開業医としても実際に保険診療を体験しており、長崎県の医療保険審査委員も務めたので、机上で医療保険の改定をいじっている厚生省の役人よりよほど精通しているとの自信があった。

診療報酬は二年に一度改定されるが、全国の病院、開業医にとっては収入に直結するのでこの改定は毎回全国の医師にとっては注目の的であった。日本医師連盟の推薦する比例参議院議員二人の仕事は、まずこの診療報酬アップをいかに勝ち取るかが最大の仕事と言っても過言ではない。私も医療を現場で体験しているので協調し行動を共にした。

だからその関係の政策議員として厚生省には認識され、日本医師会にも厚い信頼を受けていたと思う。

ただ参議院での政策活動で最も熱心に取り組んだのは何といっても被爆行政である。その中でも原子爆弾被爆地域の是正には特に強い関心を持っていた。

私は小学二年生（八歳）の時、市内樺島町で中心地から丁度三・〇キロの距離で被爆した。浦上の原爆落下中心地から一・四キロ範囲の人馬すべて絶えたと当時の記録に書かれているが、私は被爆したのが屋内だったので家は爆風で潰れたが防空壕に逃げ命は助かった。

その後医師になってすぐＡＢＣＣ（原爆調査委員会）で、原爆の皮膚に対する影響を三年間調査、そこから長崎原爆病院で被爆者の診察と治療に十年間でたずさわってきた。背中いっぱいケロイドが出来そこに膿がたまりさらに皮膚がんが発生した患者など、原爆による悲惨な皮膚病を数多く体験してきた。

自ら被爆者で医師になっても原爆の研究、治療の道を歩き続けた自分を〝原爆の申し子〟と意識し、おそらく国会議員で原爆に私以上関係の深い議員は他にいないだろうから、私がやらねばと強い責任感を持って国政に臨んでいた。

被爆者の医療費、健康管理手当など福利厚生は徐々に拡大されつつあったが、ただ被爆地域の指定範囲だけは旧態依然のままでとても私が納得出来るものでなかった。

少し詳しく述べると、
一九五七（昭和三十二）年四月、国が初めて指定した被爆地は長崎市の行政区域そのものであって、その範囲はおおざっぱに南北に約十二キロ、東西に約五キロで細長い形をしていた。その後東西は約七キロまで拡大されたが、いびつな被爆地に変わりはなかった。原子爆弾は上空約五百メートルで炸裂したのだからその影響は理論的には同心円形がより理にかなっていると考えるのが当然であろう。さらに原爆投下された時刻の記録が長崎気象台に残っていて、それによれば当時風は西から東に吹いていたと証明されている。また原爆投下と同時に同行した別の米軍飛行機から落とされたラジオゾンデも、風にのって三個とも島原方面に落下している。

従ってそれらを総合すると被爆地域は南北より東西、特に西側に延長すべきで、既に指定された被爆地域に合わせるならば半径十二キロの同心円に是正するのがより合理的であるというのが私の納得いく基本的な被爆地域である。

この当時西岡武夫衆議院議員は同じように考えておられて、この行き詰まっている被爆地域拡大運動をどうすれば打開できるか長崎県の国会議員として真剣に考えられていた。

そして自分の時代に自分の政治力を駆使し、最終決着をつけようと努力されていた。

一九九五（平成七）年三月、長崎市を始め被爆関係六市町村議会が、「長崎原爆被爆地の是正を求める意見書」を政府及び関係機関へ提出、同年十月には長崎県議会からも同様要望書が提出された。

その内容は「現在の指定が爆心地から南北部に約十二キロ、東西約七キロの区域になっているため、同じ条件下にありながら地域間に不公平を生じている。よって爆心地から十二キロの範囲にある未指定地域を指定されるよう要望する」とし、その文面の最後には、「被爆五十年の節目の年に当たり、要望実現の暁にはさらなる地域拡大の要求をしない決意を持って強く要望するものである」と付け加えられていた。

この並々ならぬ要望は西岡先生の意向を受けて県下挙げて決意したものであり、その要望書に合わせ関係市町村長、議会、被爆者団体など総力をあげて国に陳情した。

この年七月に参議院議員に当選したばかりの新人であった私だが、厚生委員会に所属していたので個人的に厚生省原爆担当に、この意見書が長崎の総意であり最後の陳情と考えて取り扱ってもらいたい、半径十二キロの被爆地域拡大が最善の解決と私も確信するのでぜひ受け入れてくれるよう強く要望した。また初の参議院厚生委員会でも質問時間をもらい、厚生大臣、政府委員に最新の長崎側の資料を織り込んで私なりに精一杯の質問をぶっつけた。

にもかかわらず、この問題に対する国のガードは非常に厳しかった。

私は国会における質疑応答の中から、厚生省が一貫して被爆地域を拡大しない根拠としているのは、昭和五十五年に実施された原爆被爆者対策基本問題懇談会（基本懇）の報告にあると感じとった。

その報告書には「科学的、合理的な根拠に基づくことなく、ただこれまでの被爆地域との均衡を保つためという理由で被爆地域を拡大することは、関係者の間に新たに不公平感を生み出す原因となり、ただ徒に地域の拡大を続ける結果を招来する恐れがある。被爆地域の指定は、科学的・合理的な根拠がある場合に限定して行うべきである」とあり、この科学的、合理的という言葉を金科玉条として国は被爆地域行政を行っているのだった。

結局市町村、それぞれの議会の決議をバックにした長崎県の総力上げての陳情はついに日の目を見ることなく終わった。

基本懇のいう科学的、合理的な根拠ではないと否定されたのである。

被爆地域是正運動は終わった、と私は深い失望を味わった。県市町村も同様、気落ちしたに違いない。この運動はその後目立った動きを見せることはなかった。

それから七年、二〇〇二（平成十四）年三月、爆心地から十二キロにあって原爆手帳をもらえない人を対象に、被爆体験による精神的要因に基づく健康影響の調査（長崎被爆体験者支援事業）を行うと厚生省が発表した。

この事業は被爆体験による特定の精神疾患（これに合併する身体化症状、心身症を含む）に医療費の支給を行うというものであるが、なぜこんなものを厚生省が今頃出してきたのだろう。

私にはいまだに理解しきれていないが先の基本懇の報告書に、「ただこれまでの被爆地域との均衡を保つという理由で被爆地関係者の間に新たな不公平感を生み出す原因になる」と明記されているのを考慮して、同じ十二キロ内で被爆し被爆手帳を持った人と持たない人がいるのを勘案し、厚生省が忸怩たる思いで考案したものではなかろうかと推測している。

更にこの事業の検討会が設置されると聞き、納得しかねるがとにかくどんな意図であるにせよ厚生省の話を聞いてみようと私は考えた。

まず私の頭に引っかかっていたのは基本懇のことで、厚生省がその報告書によって新たな被爆地域拡大の指定には完全なバリアを築いていることだった。

その懇談会のメンバーは東大学長を務められた茅誠二氏など七人で、それぞれ功成り名遂げた立派な人たちには間違いなかったが、被爆体験者や広島、長崎の人間は一人も入ってなかった。それにもかかわらずその報告書によって広島、長崎の陳情、要望がことごとく否定され、被爆地域拡大の著しい妨げになったのをいやというほど私は味わってきた。

厚生省が始めようとしているこの新しい検討会もこの基本懇の轍を踏まないように、私は地元の有識者を入れることを強く厚生省に要求した。その結果長崎大学の長滝重信内科教授と中根尤文《よしぶみ》精神科教授二人がメンバーに入った。また検討会の議事録を読み、この両教授が長崎の被爆者のために前向きの発言をされているのも後に確認した。

私が厚生省からこの事業の説明を初めて受けた時、これまでの被爆者手帳と違う取扱いに幾つかの疑問を持った。認めるならすんなりこれまでの被爆者と同じ扱いにすればいいのに精神的要因に基づく範囲と限定し、身体疾患を外していることにどうしても納得いかなかった。たとえば胃潰瘍は認めるが胃がんは除外するという。胃潰瘍が胃がんに進む可能性は否定できないから癌は認めるべきだと私が主張しても厚生省側は頑として譲らない。話し合いは平行線のまま時間が経っていった。このままだと廃案になるというところまで私は追いつめられずいぶん悩んだ。この法案は被爆者にとっては不備だということははっきりしているが、それでも呑むかどうか。

廃案にすればそれっきりになるかもしれないと悩んだ末に結局私は出された法案を呑んだ。この法案にどういう厚生省の意図があったのか未だに理解できていないが、私は当然一般の被爆者手帳と同等にすべきであると今も思っている。

歴代の厚生大臣は厚生委員会における私の質問に、最初の被爆地域指定が行政区域に基づいていて科学的ではないことは正式に認め、原爆投下時の風向き、平成三年の調査によるプルトニウムの残存など新たな資料も認めながらも、それらは基本懇の報告書にある科学的、合理的根拠に該当しないと言い続けたのである。

私は法律の専門家ではないので可能かどうかわからないが、原爆投下時半径十二キロの範囲に在住していながら被爆者手帳をもらえないのは、基本懇の内容そのものを行政の不平等、不公平として訴えることが出来ないのかと考えている。

最近この地域拡大で令和二年画期的な出来事が広島で起こった。

広島県民八十四人が起こしたいわゆる「黒い雨」訴訟で、広島地裁は請求を全面的に認める判決を出したのである。

この判決は厚労省（平成十三年から）が金科玉条としてきた先の基本懇報告書の中に書かれた「合理性」に踏み込んでいて、訴えの合理性を認めるという判決であった。ただ厚労省はこれには絶対反対で、省庁上げて控訴するはずであると私は確信していた。しなければこれまでの基本懇に基づく被爆行政は根底から覆る恐れがあるからである。私の頭に閃いたのは小泉純一郎首相がハンセン氏病の控訴を厚生省の総意に反して断念した姿だった。

まさしく自民党の政調会長は広島選出の岸田文雄代議士が務めている。実権を持つ与党の政調会長がこれは控訴すべきでないと発言すれば厚労省も逆らえないであろう。結果多くの被爆者は救われ岸田氏は郷土の英雄になり国民からも高く評価される。それに要する国家予算はほんの微々たるものである。

総理を目指している岸田氏にとっては絶好のチャンスが巡ってきたと私は期待した。ところが残念なことに岸田氏は厚労省の意向に逆らわなかった。私は政治家として岸田氏の資質に物足りなさを覚え、これで岸田氏から首相の座は去ったと落胆したのだった。

いずれにせよこの判決はこれまで被爆地域拡大の砦としていた基本懇の報告に踏み込んでおり、間違いなく長崎の被爆体験者訴訟の力にもなるはずである。

長崎被爆地是正に関心がある方はぜひ本書に第三部として掲載している第一三四国会厚生委員会、一四九国会国民福祉委員会、決算委員会、一六〇国会厚生労働委員会における私の質疑に対する厚生労働大臣及び関係官僚の応答をご覧いただき、厚生労働省の意志を確認して頂きたい。

被曝地の　是正求めて　八十路越え　　直

「原爆の申し子」インタビュー

編集部　田浦さんはご自宅で被爆されたんですか？

田浦　いいえ、樺島町にあった父の会社（爆心地から三キロ地点）です。一九五七年から始まった被爆者健康手帳の交付申請は母がしてくれました。その際、私は十人町の自宅（五キロ地点）で被爆したことにしたそうですが、医師になってＡＢＣＣに派遣された際、ＡＢＣＣの方で被爆地点を樺島町に訂正してくれました。ただ、どうやって調べたんでしょうね。

編集部　ＡＢＣＣの調査力の凄さを感じますね。三キロ地点というと、どのような被害状況だったんですか？

田浦　建物の中にいたので原爆の光線は見ていませんが、爆風が来て家はペシャンコに潰れました。私は倒れてきた柱や梁の隙間にいて助かりました。外傷もありませんでした。

そのとき建物の中には私一人しかおらず、道の向こう側にある防空壕に走り込みました。八時間近くそこにいたように思います。自宅からお手伝いさんが探しに来て防空壕にいる私を見つけてくれました。

編集部　さて現在の原爆行政の話になりますが、国は被爆体験者全員を被爆者と認めませんね？この件に関してはどのようにお考えですか？

田浦　それまで被爆体験者という言葉はなかったし、どのような人を指すのか分かりませんでしたね。

編集部　それまでとは？

田浦　二〇〇二年です。その年に国が被爆体験者という言葉を初めて使いました。その七年前の一九九五年、私と西岡武夫さんが先頭に立って「半径十二キロを被爆地にしてくれ。これが最終的な要望だ」という陳情書を政府に提出しましたが、蹴られました。そして随分時間が経って二〇〇二年に、半径十二キロ圏内で被爆したけれども国が被爆者と認定しない人たちを被爆体験者と呼び始めたんですね。被爆体験によってＰＴＳＤ（心的外傷後ストレス障害）と認められれば医療費の自己負担分が支給されることになりました。

編集部　二〇二三年九月、被爆体験者訴訟の原告四十四人のうち十五人だけを被爆者と認める長崎地裁の判決がでました。当然、原告は控訴したわけですが、国の方針に従って長崎県も長崎市も控訴しましたね。

田浦　医者の私から言えばその根拠はないだろうと思います。行政の不平等ということでね。

編集部　なぜ不平等なままなんでしょうか？

田浦　初めに行政が南北十二キロだけ認めて東西の方には認めなかったということに本当は忸怩たるものがあるのだろうと思います。それを何とか取り繕うために被爆体験者という名前を使って救済しようとしたのではないでしょうか。つまり既に法律が出来てしまっているわけですから、役所としてもどうしようもない。要するに厚労省のメンツですよ。私は政治家が認めればいいと思います。だから首相レベルの政治家が「もうみんな認めなさい」と言えばそれで終わるんですよ。予算はほとんどかからないんですから。

六、最後の戦い、郵政法案

私は一九七五（昭和五十）年三十八歳で初めて長崎県議会議員選挙に立候補、政界の道を歩み始めた。県政では久保勘一、高田勇知事の時代だったが県議会議員として二十年内側から見て感じたことを、国政では参議院議員として十二年間、橋本龍太郎、小渕恵三、森善朗、小泉純一郎の各総理を私が知る範囲で書いてきた。そして二〇〇七（平成十九）年七十歳という年齢を潮に参議院議員を自ら辞め、政界から身を引いた。

通算すると三十二年間の政治生活を送ったことになる。

その間選挙は、県議会議員選挙五回、初めの四回はすべて無所属で立候補、最後の一回は自民党公認候補で出馬。

次いで衆議院議員選挙に一九九三（平成五）年田中派が分裂して出来たばかりの野党、新生党から出馬、落選。

更に参議院議員選挙、一九九五（平成七）年これも出来たばかりの野党、新進党公認で長崎選挙区から出馬、与党自民党公認候補をきわどく制し当選。この選挙で晴れて国会議員を名乗ることが出来た。

そして最後の選挙となった二回目の参議院議員選挙は自民党公認で立候補、小泉純一郎ブームに乗って大量得票で当選。

三十二年間の政治生活で八回選挙を体験しその結果は七勝一敗であった。ただしもう一回選挙はしなかったが、一九九五年の参議院議員選挙で宮島滉候補と選挙公示前日まで激しく自民党の公認争いをして敗れた経歴もある。(「ルブルム先生奮戦記」に詳しい)

私には根っからの自民党議員というイメージを持たれる方が多いと思われるが、これを見ると五回の県議選で最後の一回、国会議員選挙三回のうちこれも最後の一回のみ自民党公認で選挙したことになる。この結果には私自身ちょっと意外な感じがしている。

また私はおとなしい人物と見られているかもしれないが、県議会議員補欠選挙で当時の自民党支部長に対抗して突然無所属で出馬、自民党県連から除名。参議院議員時代は新進党の執行部を激しく批判、同党から除名。さらに自民党では郵政民営化関連法案に最後まで反対、自民党から役職停止処分を受けた。

長崎新聞に掲載された私の人物伝について、〝表は穏やか、裏は戦う人〟と見出しで紹介されたが、さすが言い得て妙だと感心させられた。

そして最後の戦い。

二〇〇五（平成十七）年四月二十七日、小泉純一郎総理は郵政民営化関連法案を国会に提出した。その際何が何でもこの法案は通すと宣言、否決されたら衆議院を解散するとも脅した。それほど小泉首相はこの法案にこだわって提出したのだが、実際この法案は議員間で大いに不評だった。

これが私の最後の戦いの場になった。

本会議場で私の議席の隣に田村公平という高知県選出の参議院議員が座っていたが、彼は坂本龍馬ばりの高知人らしい熱血漢で自民党の郵政民営化特別委員会の幹事をしていたのだが、この法案に真っ向から反対を表明した。特に小泉総理が竹中平蔵、宮内義彦、八代尚宏など一部のアメリカ資本主義の学者を側近に置き、経産大臣や規制緩和委員会委員長、郵政懇談会会長など日本経済の重要会議のメンバーに取り立て、強引に決めていくやり方に嫌悪感を抱いていた。

この郵政法案の内容はというと現行の郵便局の事業を銀行、保険、郵便、事務に四分割し、それぞれを株式会社として独立させ完全民営化させようという日本の資本主義上画期的な法案であった。

ただ私は参議院では厚生畑一筋で議員活動をやってきたのでこの法案が提出された時点

では何ら関心は持っていなかった。

しかし田村議員によれば、離島の郵便局は今でも採算が取れないのだからこの法案が成立するとまず郵便事業の全国同一料金は維持できなくなる。民間事業になってしまえば真っ赤な赤字では株主の同意を得られないから、料金を高くするか配達の回数を減らすか、郵便局そのものをなくすか、いずれにしても離島住民にとっては間違いなく不利益を蒙ることになると教えられた。

前にも述べたが私の父は長崎の小値賀町という離島のまたその離島六島（むしま）という小さな島の出身で、その関係もあって私は離島住民の生活には深い関心を持っていた。郵政民営化法案が離島、へき地の住民にとって大きな関係があるという田村議員の指摘を受けて私はこの法案をそのまま通過させるのはたしかに長崎県にとっては不利益になると判断、離島住民の良きパートナーである郵便局を単に不採算だけを理由に現存の数を減らさないよう、法案修正することを主張した。それでなくとも長崎県の離島の人口は軒並み減少し続けていて、先の六島でも五十所帯以上あったのが今はたった二人の住民だけでかろうじて無人島化を防いでいる状況となっているのである。

この法案に対して野党はすべて反対だったが、参議院自民党でも圧倒的に批判の声が強かった。にもかかわらず小泉純一郎総理は頑として国会通過を図った。そして徹底的に自民党反対派の切り崩しを始めた。

小泉総理が本気であると察するとノンポリ反対派は簡単にその軍門に下った。私も経済法案には関心が薄く本来はノンポリであるのだが、離島住民不利益の一点で反対を続けた。小泉首相は応じない議員に次の選挙の公認、党の人事、各種団体の人事、後援団体のしめつけなど総理、総裁の権限をフルに使い、一人ひとり切り崩していった。田村議員と同様先頭に立って反対の旗を振っていた参議院議員がいつの間にか賛成派にひっくり返ったのには驚いたが、その議員はのちに参議院の副議長に抜擢された。

私の例を取ろう。私も当然圧力は嫌というほど味わった。当時参議院自民党の幹事長であった片山虎之助議員は長崎県庁に勤務していた経験があり私も個人的に親しみを持っていた。私の説得に来られた片山幹事長に私は逆に長崎の離島の話を持ち出し、このままでは反対せざるを得ないと訴えるとその点よく理解していただき、現存の郵便局数は減らさないよう修正すると言ってくれた。実際幹事長は委員会の場で小泉総理にそのことを質問、法案の修正を迫ってくれたが、総理は一切修正には応じないという硬い姿勢を崩さなかった。

私のアマノジャク精神はここで火がついた。よしそれならこちらも徹底的に逆らってやろう。

この法案に私はただ離島の住民のことを考えて反対しているだけだったが、反対派であることはよほど知れ渡っていたらしく、東京新聞にも反対派の代表として二度も名前を挙げられ報道された。党の幹部には廊下ですれ違ってもこの法案に賛成するようしつこく働きかけられた。私は次の選挙には出ないと胸の内で決めていたので自民党の公認、党のポストなどは全くプレッシャーにはならなかった。長崎の理容院で頭を刈っている最中に金子原二郎長崎県知事から携帯に説得の電話がかかってきたことがあったが、髪を摘みながら激しくやり取りをしたので理容院の亭主も驚いた様子だった。反対派のそれぞれの議員に同様の圧力がかかったのは間違いない。

七月五日、まず衆議院でこの法案の採決が行われた。衆議院でも自民党内部に反対者が多く執行部は躍起になって翻意を促していたが、投票の結果、賛成二三三、反対二二八票のわずか五票差で法案を通過させることが出来た。自民党では三十七人が反対、十四人が欠席・棄権に回った。

このわずか五票差というのは賛成、反対両派に強い危機感と緊張感をもたらした。そして最後の決着は参議院の採決に持ち込まれることになったのだ。

衆議院の採決の結果を受けて参議院ではこれまで以上に反対、賛成派の囲い込みが厳しくなり、政府と自民党執行部の反対派切り崩しが一段と激しくなった。

自民党の参議院議員には反対派が多いとみられていたが、どこまで反対派が切り崩されているのか反対派がどれだけ頑張っているのか、渦中にいる私にも皆目分からないほど混沌とした状況に陥った。

個人的には今回の参議員選挙で私は小泉総理に大変お世話になった。人気絶頂の小泉総理とツーショットの写真を撮らせてもらい、さらに選挙期間中は私のためにわざわざ長崎まで来ていただいた。二期目の参議院議員当選は間違いなく小泉総理のおかげと言ってもいい。その総理が政治生命をかけて出した法案に恩義を忘れて反対するのかという心のジレンマはあった。

衆議院の投票のほぼ一か月後の八月八日、いよいよ決戦の参議院の投票が行われた。私は最後までアマノジャクを通して反対票を入れた。

結果、賛成一〇八票反対一二五票の十七票差でこの法案は参議院では否決となった。

自民党から反対票を入れたのは二十二人で、スタートは百人に届くほどだった反対議員が赤穂義士並みに一人減り、二人減り最後まで残ったのが二十二人だった。

長崎県選出の自民党衆参国会議員でこの法案に反対票を入れたのも私一人だった。

参議院でのこの結果を見て小泉総理は予告通り即日衆議院を解散した。

確かに総理はこの法案が否決されたら衆議院を解散すると表明されていたが、衆議院では五票差ながら賛成多数で通ったのだから衆議院を解散するということは全く筋が通らない。否決した参議院は憲法で解散はできないから衆議院を解散するというのは八つ当たりとしか表現しようがない。

また反対した衆議院議員は全員自民党除名という厳罰に処せられたが、参議院では反対した二十二人を除名すると議席が過半数を割るということで、除名ではなく役職停止という処分に終わった。本来なら否決した参議院議員こそ最高の戦犯であるのに、ご都合主義の最たるものである。

これらが問題にならないのはおかしいと私は思っているが、なぜかいつもは政府に批判的なマスコミも沈黙を守っていた。

小泉総理、総裁がなりふり構わずその持てる権力をフルに使い、総理の解散権を使って衆議院を解散、自民党総裁の権限で反対した自民党議員を除名にしたのだった。私は政治の世界の激しさにただあぜんとし、総理総裁の権力に驚くばかりであった。

この解散は郵政解散と呼ばれ、除名された議員はもちろん自民党公認にはならないから、小泉総裁はその選挙区に自民党公認の対立候補を立て、マスコミは郵政反対派との対立を煽った。

マスコミがこの選挙ではそろって小泉総理の立場に立った。小泉劇場と称し、除名された議員の選挙区に小泉総理が立てた新人の対立候補をマスコミは「刺客」と呼んで引き立て、郵政民営化に反対した議員には「守旧派」とレッテルを張り揶揄、面白おかしく報道して小泉選挙に協力した。

孤独で非情な政治指導者を演じた小泉総理にマスコミはほだされたのだろうか。米国の経済界から六百億円の広告費が電通を通じて流されマスコミの口を封じたとの観測も流れていた。いずれにせよ選挙で国民は熱狂的に小泉純一郎首相を支持した。

郵政選挙結果は、

自民党２４６　↓　３２７議席
公明党　３４　↓　　３１議席
野党　２３１　↓　１５３議席

となり、小泉自民党の圧勝だった。

この選挙結果を受け、郵政民営化法案は新しく選ばれた議員によって改めて賛成多数で成立した。

圧倒的な国民の支持を作り上げる経過をつぶさに見て、こんな流れで国民の賛同が得られ法案が国会を通るのであればヒトラー独裁に通じる気がして私は怖さを覚えた。

郵政選挙によって国民から圧倒的な支持を受け日本の規制緩和の流れは一気に加速化された。この時からアメリカ資本主義が雪崩を打ってどっと日本の経済界に入ってきたのだった。

規制緩和のメリットは企業では新規加入と自由競争であり、庶民は価格低下という恩恵を受け、一方デメリットは格差拡大が浸透し、正社員と派遣社員の格差、経営者と労働者、大企業と中小企業の格差など社会のひずみが生まれることが挙げられる。

いま日本で格差社会が表面化して問題になっているが、格差社会への道はこの郵政選挙の結果に端を発していると私は思う。

郵政選挙以後日本企業において契約社員、臨時社員などが急激に増え、郵政では三十万人いた正社員の半数が非正規社員に代わり、日本で最大の非正規社員を抱える会社になった。

日本企業もアメリカ同様賃金、所得の格差が拡大し、労働者の身分が一変して不安定になり、利潤も会社留保資金に回り職員の給与は上がらなくなっている。今この問題が日本社会では問題になっているが、その原点は郵政選挙でのアメリカ資本主義の大勝にあり、その勝利を誘導したマスコミ、小泉劇場に狂喜した国民にも責任の一端があることに気づいてほしい。

郵便局は四つの株式会社に分割されて運営が始まったが、最近になって株式会社として利益の追求を求めるあまり労働強化違反、契約違反が次から次へと露呈し、遂に法案成立後十年目の二〇一二（平成二十四）年四月、議員立法で郵政見直し法案が成立、ユニバーサルサービスが郵便だけでなく保険、貯金にも復活することになった。この見直し法案を今回はマスコミも郵政に熱が冷めたらしく詳しく報道しなかったので気づかなかった国民も多かったと思うが、私が求めていた離島の郵便局を不採算だけの理由でなくせない歯止めにもなっている。

郵政騒動は私に赤穂義士の討ち入りを想像させたと書いたが、反対派は綿貫民輔元衆議院議長を会長にして結束をしていた。そして郵政法案反対の意志を明らかにするため、会長以下反対の議員は吉野熊野大権現の誓紙に署名捺印をして結束を誓った。赤穂義士が連盟書として使った同じ用紙である。参議院にも回ってきたので私も喜んで署名した。

その誓紙には黒いカラスの絵が描かれていて、誓紙に背いたらその人の家の玄関にカラスが落ち、そこの人が死ぬと伝えられている。

その誓紙に署名した人の中から何人が脱落したかは知らないが、ただ反対を表明しながら最後に賛成に投票した人の中で自殺した人もいたのは事実である。忠臣蔵の萱野三平のように主君と親の板挟みになったのであろうか。


私が政治に関心を持ち県議会選挙に立候補した動機にロッキード事件があった。田中角栄前首相の逮捕というショッキングな事件、立花隆が文芸春秋に掲載した政治と金のドロドロした真実、さらに政治とは何か、政治の世界を知りたいという気持ち、そしてそこでしか知りえなかった内部からのより深い情報を広く県民に知らせたいとの思いがあった。そして若気の至りもあって三十八歳の時政治の世界に飛び込んだのだった。

これまで六回にわたって綴ってきた私の体験した選挙と政治の記録は、その趣旨にのっとった偽りのない報告である。まだ私が手の届かない政治のさらに奥深いものはともかく、私の三十二年の政治生活から知り得た真実を書いた。

二〇〇一（平成十三）年七月二九日に行われた参議院議員選挙二期目の当選は一期目のきわどい勝利と異なり小泉ブームで圧勝し、事務所は勝利に沸きかえっていたがその夜、なんと私は布団の中で政界引退を決意したのだから相当のアマノジャクであろう。人生の最後に自分の自由な時間を持ち自由に過ごしたい、そんなことを考え一人布団の中で煩悶して引退を決意したのである。

そうまでして何がしたいのかと問われれば、選挙と政治の煩わしい世界から身を引き自由を享楽し、囲碁三昧の人生、文学青年時代の夢をこの世の最後に少しでも実現させてみたい。ただそれだけの理由だった。

これまで選挙を応援してくれた人からは、他人を巻き添えにしていながら、自分だけは自分自身の勝手でやめるとは、とお叱りを受けそうである。

私には「出処進退は自分で決める」という言葉が先にあって私自身それにこだわっていたような気がする。

二〇〇六（平成十八）年十一月十七日、引退表明の記者会見を県庁県政記者室で行った。冒頭、私は来年七十歳を迎えるので今期限りで政界を引退し後輩に道を譲ると、初めて次の選挙への不出馬を明らかにした。

また十二年間参議院議員として福祉厚生分野で国政に寄与出来たと私の所見を述べた。

その後記者団との質疑があった。

―（記者からの質問）　引退を決めた時期、理由は。

二期目の当選の夜決めた。次回の選挙の時は七十歳になるので後進に道を譲ろうと考えた。選挙一年前に井石哲哉後援会長と久間章生衆議院議員に引退の意向を伝えたが、しばらく伏せていてくれと頼まれたので、会見は今日になった。

―　一昨年の郵政関連法案に反対されたがそれも引退に影響したか。

私があそこまで徹底して反対できたのは、次の選挙は出ないと決めていたからで、最後に自分の信念を貫き通せたのは政治家として良かったと思う。

（前に私の父は離島小値賀町のそのまた離島六島（むしま）の出身と書いたが、この島は島ぐるみで漁業を行い、周辺の海流が速いので事故防止のため時間厳守の島として知られていた。その島も最盛期には五十所帯の住民が漁船団を組み活気に満ち溢れた島だった。それが現在住民はたった二人である。隣の離島、野崎島は隠れキリシタン関連の世界遺産に島自体が指定され、野首教会など注目を浴びている。小、中学校まであったその島も今は一人の住民がこの島を守っている。

間近かに離島の衰退を見てきた私は離島の郵便局をなくさないとの一念で郵政民営化関連法案に反対した。長崎県出身の国会議員である以上離島のため行動するのは責務であると考えた。

私が国会で離島、離島というので郵政法案を強力に推し進めていた上智大の教授が、国が本土に住宅を用意し離島の住民はすべて移住させればよいと新聞に書いたのを見て、アメリカ資本主義はこんな考えかと唖然とした）

――国会議員として思い出に残る仕事は。

まず郵政民営化関連法案を参議院で否決したこと。小泉執行部からあらゆるプレッシャーを受け一人二人と脱落していく中で最後まで自民党議員二十二人と共に反対票を入れこの法案を否決した。良い仲間たちといい仕事が出来たと今でも思っている。

次に被爆者の問題。私自身三・〇キロ地点での被爆者であり、医師になってからも原爆病院、ＡＢＣＣに勤務、被爆者の研究、治療に携わってきた。それゆえ自分自身原爆の申し子のような意識を持っていて国会においても被爆者救済に強い責任を感じていた。

中でも特に私が国会で取り上げたのは被爆地域指定の是正で、歴代の厚労大臣に私の考えを強く訴えてきた。爆心地半径十二キロをすべて平等に被爆地に指定すべきで、行政地域で決めている今の範囲は論理的でない、また被爆体験者という制度を厚労省が新たに作り出したのはおかしな話である。

もうひとつ医療関係で思いだすのは、ハンセン氏病国家賠償訴訟が一審で国が敗退、控訴するかどうか問題になった時のこと。当時私は厚生労働政務官を務めていた。

皮膚科専門医の資格を持ちハンセン氏病患者を診察した体験もあるので、私はこの裁判には強い関心を持っていた。判決に対する厚労省の不満も理解できたが、私はハンセン氏病に対して国民の社会的差別観を感じていたので、控訴すべきでないと厚生労働省幹部会でそう意見を述べた。しかし厚生労働省の雰囲気は圧倒的に控訴だったのでどうせそうなるだろうと思い政務官室で小泉総理の会見をテレビで見ていたら、控訴しないと発言されたので本当に驚かされた。あの空気の中でよく決断されたと敬意を表したい。同時に政治家の決断は重いものだと教わった気がする。

― 旧新進党から出馬して当選後、自民党に鞍替えしたことには今でも批判があるが。

あの時私が取った行動と心境については前述（八、新進党から自民党へ）しているので参照していただきたいが、地元長崎の新進党関係者に対しては今でも忸怩たる思いがあるし批判も甘んじて受ける。ただその当時の関係者も亡くなってきたので事実は書き残しておきたいと思って書いた。決して弁解するものではない。

―　自民党県連は次の候補を公募する。候補に臨むことは。

私が参議院議員になったのは五十八歳だったがこれは遅すぎた。だから公募するなら長崎県の将来を考え、まず三十代の若い人を選び育ててほしい。これが第一。二つ目は語学に堪能であること。党の代表として私も何回か国際会議に出席したが、国際会議では本会議だけでなくその間に個別に外国の責任者と会って本音を探るのが大事と痛感した。そのためには言外のニュアンスが察知できるぐらい語学に堪能な人が役に立つ。三つめは専門の分野に深い知識を持っている人。参議院は政局ではなく政策の場であるから法案を作るところから参画できる人が望ましい。

私は医療、福祉、介護の分野でそれなりの提言をしてきたつもりだが、若ければもっと貢献できたかもしれない。

以上三点を私の参議院議員の体験から次の候補に臨むと答えた。

（自民党県連は結局後任候補に小嶺忠敏国見高サッカー部監督六十二歳を公認した。私は年齢的には遅すぎると思ったが、抜群の知名度だったから当選第一主義で公認したのだろうと察した。ただ民主党の大久保潔重県議会議員（四十一歳）に敗れたのには驚いた）

以上政界引退の記者会見の様子を書いたが、私の希望はほとんど実現していない。これが政治の世界なのかもしれない。

八十路越え　大器晩成　ついに見ず　　直

「最後の戦い、郵政法案」インタビュー

編集部　小泉純一郎さんという政治家についてどのように思われますか。

田浦　小泉さんの前の森喜朗総理の時は支持率七パーセントでした。そんな惨憺たる状態でしたから、私の二回目の選挙は勝てないはずでした。ところが小泉さんに変わると彼の支持率が一気に十倍以上の七十八パーセントに跳ね上がったものだから、その勢いで私は二度目の参議院議員になれたんです。そういう意味で小泉さんには私は恩があります。

ただ政策面では彼の郵政民営化関連法案に私は真っ向から反対しました。郵政事業を株式会社にすると、長崎の離島の郵便局が大赤字になって潰れるからです。離島で採算はとれません。小泉さんはアメリカ的資本主義を日本に導入しました。そこから今の非正規雇用の問題も含めていろいろな問題が起こってきた。

それまで私達の社会は、国民の所得のバランスを考えた資本主義だったと思います。例えばアメリカでは一流企業の社長の年収は数百億円もあるそうですが、日本もそういう風潮になってきたんじゃないですか。これは郵政民営化が発端になったと私は思っています。

だから小泉さんという政治家が日本にもたらしたものの功罪という面では、私は「罪」だと思います。私は認めません。

編集部　その小泉さんを熱狂的な人気に押し上げたのはマスコミです。その点からみると民主主義にはどこか危ういところがあるように思うんですが、田浦さんはどのように考えられますか？

田浦　民主主義はいい仕組みだとは思います。ただ郵政民営化の時は新聞・テレビ・週刊誌などマスコミがこぞって支持しました。昔のドイツだって議会制民主主義のなかでヒトラーは台頭してきたわけです。国民の熱狂的な支持を受けてね。だから世論を一つの方向に沸騰させるのは、そんな難しいことじゃないと思いました。郵政民営化のときに議員仲間から聞いたんですが、アメリカから六百億円の金が入ってきて、大手広告代理店がマスコミに郵政民営化をを宣伝させたとのことでした。つまり反対意見が出ないようにマスコミの口を封じたわけです。だから民主主義はいい仕組みだけれども、ちょっと危ないところがあるという感想を私は持っています。

編集部　政治家に求められる人格はどのようなものだとお考えですか？

田浦　是是非非、つまり是を是とし、非を非とする信念を持っていることです。言い換えれば自分の考えをきちんと持って、それを曲げないということですね。政治家は金とか地位とか、そんなものに誘惑されてはいけません。でも実態は逆です。「是々非々」のあとは「是ヲ非トシ非ヲ是トスルハ愚」と続くんですが、私に言わせれば、一部の政治家はまさに愚の壁です。

編集部　国民にはどのような資質が求められるでしょうか？

田浦　国のために何が一番大事かということをまず考えてもらいたいです。そして選挙の際には政策をよく聞いて判断してもらいたいと思います。

編集部　マスコミに対してはどうですか？

田浦　やっぱり公平であり中立であって欲しいと思います。新聞は正しいことをきちんと正確に書いて欲しいですね。そういった新聞があれば国民から大事にされて経営的にも成り立つんじゃないですかね。

第三部　「国会質疑」

参議院のホームページで公開されている「会議録情報」から、
田浦　直氏関連の質疑応答記録を抜粋し、
参議院広報課の許可を得て原文のまま転載しています。

第134回国会　参議院　厚生委員会　第1号　平成7年10月31日

平成七年十月三十一日（火曜日）
午前十時二分開会

委員氏名
委員長　今井　澄君
理　事　石井道子君
理　事　釘宮　磐君
理　事　栗原君子君
　　　　石渡清元君
　　　　尾辻秀久君
　　　　大島慶久君
　　　　清水嘉与子君
　　　　塩崎恭久君

中島　眞人君
長峯　基君
南野知恵子君
勝木　健司君
木暮　山人君
田浦　直君
水島　裕君
和田　洋子君
朝日　俊弘君
西山登紀子君

委員の異動

十月二日

辞任

和田　洋子君

補欠選任

山本　保君

十月十一日
　辞任　　　　　　　補欠選任
　　石渡　清元君　　　高木　正明君
十月三十一日
　辞任　　　　　　　補欠選任
　　木暮　山人君　　　戸田　邦司君

出席者は左のとおり。
　委員長　　　　　　今井　　澄君
　理　事　　　　　　石井　道子君
　　　　　　　　　　大島　慶久君
　　　　　　　　　　釘宮　　磐君
　　　　　　　　　　栗原　君子君

委員

尾辻　秀久君
清水嘉与子君
塩崎　恭久君
中島　眞人君
長峯　基君
南野知惠子君
勝木　健司君
田浦　直君
戸田　邦司君
水島　裕君
山本　保君
朝日　俊弘君
西山登紀子君

国務大臣
　厚　生　大　臣　森井　忠良君
政府委員
　厚生政務次官　長勢　甚遠君
　厚生大臣官房総務審議官
　　亀田　克彦君
　厚生省健康政策局長
　　谷　　修一君
　厚生省保健医療局長
　　松村　明仁君
　厚生省薬務局長　荒賀　泰太君
　厚生省社会・援護局長
　　佐々木典夫君
　厚生省老人保健福祉局長
　　羽毛田信吾君

厚生省児童家庭局長　高木　俊明君
厚生省保険局長　岡光　序治君

事務局側
常任委員会専門員　水野　国利君

説明員
行政改革委員会事務局参事官　田中　順一君
法務省民事局参事官　小池　信行君
文部省初等中等教育局中学校課長　加茂川幸夫君
文部省高等教育局医学教育課長　木曽　功君

文部省体育局学校健康教育課長
北見　耕一君

本日の会議に付した案件
○理事補欠選任の件
○国政調査に関する件
○社会保障制度等に関する調査
（派遣委員の報告）
（准看護婦制度に関する件）
（新高齢者介護システムに関する件）
（ＨＩＶ訴訟と業務行政に関する件）
（児童の健全育成に関する件）
（被爆者援護対策に関する件）
（社会保障制度審議会勧告に関する件）
（戦傷病者戦没者遺族等援護法の適用に関する件）

○田浦直君　私は新進党の田浦直でございます。被爆者医療行政について二、三お尋ねをしたいというふうに思っております。

大変残念なことですけれども、去る二十八日にフランスが第三回の核実験を行ったわけでございます。私ども被爆者といいますのは、地上で広島と長崎、二つが被爆県ということで非常に核という問題に対しては過敏な気持ちを持っておるわけでございます。

〔委員長退席、理事栗原君子君着席〕

しかし、こういうことで、一回目のときも二回目のときも大変抗議をしてまいったわけでございますけれども、平然として第三回目の核実験も行われたということで、激しい憤り、それとどうしてもしょうがないのかなというふうな無力感、そういったものが胸の中に去来をしておるようなところでございます。私どもは被爆者ですから、ぜひこの核あるいは核戦争、そういったものを廃絶したいという使命感みたいなものを持っているんですね。私どもが訴えていかなければならないというふうな気持ちを持っておったわけですけれども、なかなかそれがうまくいかないというふうなことで、第三回の核実験も行われたということでございます。

私は厚生大臣に率直にお尋ねをしたいと思うんですけれども、この第三回の核実験が行われたということで大臣はどういうふうな御感想を持たれたか、率直なところをお聞かせいただければというふうに思います。

○国務大臣（森井忠良君）　これは外交問題でございますから厚生大臣が発言すべきではないとも言えますけれども、今、先生御指摘のように、これは被爆者の援護対策を預かっている厚生大臣としてやはり申し上げなければならぬと思うわけでございまして、二度ならず三度までやられたということにつきましては、率直なところ激しい憤りの気持ちを持っております。これは率直な気持ちでございます。

もともと私どもとしては、この地球上から核兵器をなくす、核兵器廃絶を目指して、外交分野においてもあるいは国連の場においてもそれぞれ政府として頑張っているわけでございますが、申し上げましたように三度にわたって国際世論を無視して核実験を強行されたことについては、私は何ともやりきれない気持ちでございます。

したがって、申し上げましたように、核実験の強行については、我が厚生省といたしましても被爆者の皆さんの援護対策を預かる立場から極めて遺憾であると申し上げておきたいと思います。

○田浦直君　実は私、けさ新聞をずっと読んでまいったわけですけれども、もうどの新聞にもこの核実験のことは何も書いてないんですよ。二十八日ですからわずか三日しかたっておらないわけなんですね。第一回目の実験のときには、それはそれはもう激しい抗議運動が行われましたし、マスコミも随分この問題を取り上げたという記憶があるわけです。そういう意味からしますと、何かもう、風化したというのはちょっと大げさですけれども、ならされてしまってきているんじゃないかというふうな気がしてならないわけなんですね。

私どもも一生懸命抗議はしていきたいと思いますけれども、政府の方でもぜひ、第四回の核実験は行わせないような、そういうふうなかたい決意をひとつ決めていただきたいというふうに私はお願いを申し上げたいと思っておるわけでございます。遺憾の意を表するとかあるいは駐日フランス大使を呼んで抗議をする、こういったことでは恐らく第四回の実験は食いとめ得ないんじゃないかなというふうな危惧を私はしておるわけでございまして、その点重ねて大臣によろしくお願いを申し上げたいと思っております。

私は長崎のこの原爆、私自身も被爆者なんですけれども、被爆地域についての是正をお願い申し上げたいというふうに思っております。

現在は爆心地から南北に約十二キロ、東西に約七キロが被爆地域に指定をされておるわけでございます。しかしながら、爆心地からの距離あるいは被爆の状況等からしますと、指定されている地域と同じ条件下でありながら指定を受けていない地域があるわけでございまして、地域間に不均衡を生じておるところでございます。それらが長い年月、もう五十年という年月がたっているわけですから、未指定地域の関係住民は高齢化して、依然として放射能に対する不安と健康障害による苦しみの中で生活をしておるという状況でございます。この不均衡を是正し、健康管理等の措置を講ずることは緊急かつ重要な問題であり、長崎県民にとっては切実な願いでございます。

そういった意味で、これまで何回も陳情をして是正をお願いしてきておるわけでございますけれども、現在の厚生省の被爆地域に対するお考えをお願い申し上げたいと思います。

○政府委員（松村明仁君）　原爆被爆地域の見直しにつきましては、地元の方々に強い御要望というものがあることは存じております。しかしながら、私どもこの見直しにつきましては、科学的、合理的な根拠がある場合に限定して行うべきと、こういうふうに考えておりまして、これがこれまでの政府の一貫した立場でございます。

長崎の被爆地域の拡大の問題につきましては、長崎県及び長崎市が設置いたしました長崎原爆被爆地域問題検討会によりまして「長崎原爆残留放射能プルトニウム調査報告書」

というものが平成三年に提出されております。この報告書に関しまして専門家から成る検討班を今度は厚生省に設けまして科学的評価を進めてまいりましたが、平成六年の十二月に発表されました同検討班の報告書によりますと、指定拡大要望地域においては残留放射能による健康影響はないとの結論が得られているところでございます。

こういう経過がございまして、これらの点を勘案いたしますと、長崎の被爆地域の拡大を行うことは非常に困難であると考えておるところであります。

○田浦直君　今、科学的な根拠がない、あるいは合理的な根拠がないという御発言がなされたと思うんです。

この被爆地域というのは、三十二年に指定を受けまして、昭和四十九年あるいは昭和五十一年に地域拡大をしておるわけなんですね。そのときに私どもは、それならばそのときの地域拡大は本当に科学的に、あるいは合理的な根拠で拡大されたのかというふうな疑問を持っているわけです。私どもは、そうでなくして、行政的に、あるいは政治的な配慮もあってそういう拡大をしたのじゃないかなというふうに思っておるわけですけれども、そのときの拡大の根拠についてお尋ねを申し上げたいと思います。

○政府委員（松村明仁君）　今御指摘の昭和四十九年及び五十一年の地域拡大に際しまして

は、原爆投下当時の風向きや、あるいは既に指定をされております地域との均衡等も考慮して地域指定を行ったものでございます。

なお、その後、被爆地域の指定のあり方につきまして、昭和五十五年に取りまとめられました原爆被爆者対策基本問題懇談会におきまして、今申し上げましたような科学的、合理的な根拠のある場合に限定して行うべきであるという考え方が示されました。その後の被爆地域の見直しについては一貫してこの方針によって臨んでおるところでございます。

〔理事栗原君子君退席、委員長着席〕

○田浦直君　ちょっと、四十九年と五十一年の拡大は何によってとおっしゃられましたか。

○政府委員（松村明仁君）　原爆投下当時の風向きや、あるいは既に指定されている地域との均衡等も考慮して地域指定を行ったと、このように考えております。

○田浦直君　そうしますと、その根拠が科学的な合理的な根拠であるというふうに認識してよろしゅうございますか。

○政府委員（松村明仁君）　その当時の被爆地域の指定につきましては、原爆放射線の影響に関する科学的知見がやや乏しかった、こういうこともあります。また、原爆による被害の広がり、あるいは長崎市周辺の地形上の特性、行政区域等を考慮して、爆心地から平地で連続している行政区画を中心として被爆地域の指定を行ったものであるということでございます。

○田浦直君　行政区画で拡大しているというところもあるんですね。私は、五十五年に基本懇からの報告が出て、それ以後はもう科学的、合理的な根拠がなければ受け付けないんだという言い方にはちょっと納得できないんです。

それは、例えば、初めに述べましたように、この今の地域は南北に爆心地から十二キロなんです。東西には七キロということになっておるわけですね。しかしながら、これはちょっと科学的なことになりますけれども、原爆が長崎の上空五百五十メーターで炸裂して、その原爆雲は東の方に流れていっておるわけなんですね。ところが、その東の方は七キロしかない。南北の方は十二キロというのはどうしても理解できないんです。したがいまして、そういうふうな、合理的でないというふうな意味でもぜひ是正をしていただきたいというふうに思うわけですけれども、いかがでしょうか。

○政府委員（松村明仁君）　私が今申し上げましたのは、四十九年、五十一年の当時の地域拡大の考え方を申し上げたわけでありますが、その後、いろいろ科学的知見の集積等もございまして、現在におきましては、原爆の放射線について、爆心から同心円上に広がったものの、爆心地からおおむね三キロメートル以遠には到達していないという科学的知見が確立されているところでございまして、被爆地域の拡大につきましては、現在は原爆放射能による健康影響という観点から科学的な根拠が必要ではないかと、こういうふうに考えておるところであります。

○田浦直君　今、被爆地から三キロの範囲とおっしゃられましたですね。あのチェルノブイリというところで原子炉が爆発したときには三十キロ四方をみんな立ち退きにしたんですよ、ソビエトにおいては。日本というのはもっと私は科学的に理解が進んでおるというふうに思うんです。七キロでもどうかな、十二キロでもどうかなというふうな気がするんですね。先ほど述べましたように、原子炉は地上で爆発する。原子爆弾は五百五十メートルの上空で爆発しているんですよ。したがって、範囲はもっと広がっておらなければならないと思うんです。

私は、その基本懇の報告を盾にとってどうしても地域拡大を認めないという、そのかたくなな姿勢がどうしても納得いかないんです。これは報告ですから、法律でも何でもないんですよ、報告ですからもう少し柔軟に考えてやることができないのかなと思うんですけれども、それについていかがでしょうか。

○政府委員（松村明仁君）　今チェルノブイリの例を引かれましたが、確かにチェルノブイリの事故は地上で起こりました。そういうことではありますけれども、この放射線の被曝というものにつきましては、その原因となった放射性物質の放出の程度あるいは状況等によりいろいろ被害の程度が異なるものでありまして、チェルノブイリのものを必ずしもすぐ利用するというわけにはいかないと、このように考えております。

ちなみに、一説によりますと、チェルノブイリの原発事故におきましては広島原爆の五百個分に相当する放射性物質が流出したと、こういうふうに言われてもおりまして、その事故の内容、あるいは先ほど申しましたように放射線の被曝についていろんな状況がございますので、私どもはチェルノブイリの問題については、そういうことは大いに参考にはいたしますが、即チェルノブイリと広島、長崎の問題が直結するとは考えていないところであります。

そういうことで、後段の、委員会の報告ではないかということでございますが、先ほども申しましたように、この委員会は専門家によりましてまず長崎県・市の検討会、それからそれをまた厚生省の方でさらに検討を加えました。そういう検討を加えた結果、指定拡大の御要望のある地域においては残留放射能による健康影響はない、こういう結論を今得ておるところでありまして、私どもはこの点を勘案いたしますと被爆地域の拡大を行うことは甚だ困難であると、このように考えておる次第でございます。

○田浦直君 もう原爆が落ちてから五十年たっておるわけですね。それを平成三年に調査して影響力がないというような結論はちょっとおかしいのではないかと思うんですね。

このときの調査の方法を私も調べてみましたけれども、未耕地の表土ゼロから十センチの泥をとってその放射能を調べたと書いてあるんです。五十年間たっているんですよ。雨も降れば風も吹く。木の葉も動けば土も動く。たった表土十センチの土地をとって、そしてプルトニウムが残って——残っておるんですよ、残っておるけれども大した影響はない、それはちょっと言い過ぎではないかなというふうに思うんですね。五十年昔のことがその検査で本当にわかるんですか。私はそういうことは言えないんじゃないかなというふうに思うんですね。

私どもの長崎県民の方からすれば、何かとにかく、もう拡大はしたくない、もうすべてノーだというふうなことを言うために何かそういう理屈をおっしゃられているような気がしてならないんですね。私は、行政はそうあってはいけないんじゃないか、可能性があるなら住民にあるいは県民に対して役に立つようなことをしてあげる、そういう気持ちを持たれるということが必要なんじゃないかなというふうに思うんですけれども、今の調査の結果を本当に一〇〇%信用してそういうふうにおっしゃられるのかどうか、その点をちょっとお尋ねしたいと思います。

○政府委員（松村明仁君）　御指摘のような科学的な御意見につきましては、長崎県あるいは長崎市が実施いたしました先ほどの残留プルトニウム調査と申しますものが被爆後確かに相当期間経過した後実施されたということはもう御指摘のとおりでございます。

そこで、調査の実施に当たりましては、その点についても十分な配慮を行ったと聞いております。すなわち、実は被爆から比較的早い時期に調査が行われた地区のデータというものをもとにいたしまして、原爆投下後相当の期間を経て調査したことに伴ういわゆる誤差でございますが、この誤差を補正するということもしておりまして、専門的な立場から適切な調査方法がとられておる、このように判定をされておりまして、申しました調査結果については、時間はたっておりますけれども、そういうファクターも入れて検討をしたものだと、このように考えております。

○田浦直君　私は、そういう数字を少し訂正するとか、そういったことで五十年前の再現ができるというふうには考えられないんですね。

しかし、それはそれといたしまして、東の方にはやはりプルトニウムが出ておりますね。南北の方には余り出ておらない。しかし、その出ておらないところが今被爆地域になっているんですよ。その矛盾はどういうふうに考えられますか。
○政府委員（松村明仁君）　先ほど来申し上げておりますように、初期の地域指定というものの過程におきましては、残念ながら科学的知見がやや乏しいということもありましてこのようなことになっているのではないかと考えております。
○田浦直君　それではその未指定地域の住民としては納得できないですよ。だって、出てないところを指定しておいて、幾らかでも出ているわけですから、こちらの方は。皆さんの方は影響はないとかなんとか言うけれども、こっちの方が出ているんですよ。そちらの方が指定を受けていない。これはやはり行政上の不公平ではないですか。
○政府委員（松村明仁君）　現在、新たに地域指定をするという場合には、昭和五十五年にお話がありましたように、科学的、合理的な知見に基づいて行う、こういうことを一貫して私どもはとっておりまして、そういうことから考えると新たな指定ということにつきましては難しいと、このように申し上げておるわけであります。
○田浦直君　いや、それは皆さん方の考えなんですよ。地域住民にとってはそういうことではないと思うんですよ。皆さん方は、五十五年以降はもう認めませんよ、今までのはもう仕方がないですよと。ここの未指定地域におった人にとってはそんな行政上の不公平はないと思いますよ。だから、科学的に言うなら本当に出ているところを指定してあげるべきであって、もうもらったところはそのままで、もらってないところは、地域指定を受けてないところは認めませんよというのでは、こちらの方がプルトニウムは出ているわけですから、それは納得できないんじゃないかなと思うんですよね。住民にとってはそういうふうに思うと私は理解できるんですが、それについてはいかがですか。

○**政府委員**（松村明仁君）　実は昭和五十五年の原爆被爆者対策基本問題懇談会というものの報告があるわけでありますが、「科学的・合理的な根拠に基づくことなく、ただこれまでの被爆地域との均衡を保つためという理由で被爆地域を拡大することは、関係者の間に新たに不公平感を生み出す原因となり、ただ徒らに地域の拡大を続ける結果を招来するおそれがある。被爆地域の指定は、科学的・合理的な根拠のある場合に限定して行うべきである。」と、こういうことを昭和五十五年に各界の方々の英知を集めまして十分に検討をした結果こういう報告書をいただいております。私どもの行政はこの報告書の精神に基づいて一貫して行われておると、こういうことになるわけでございます。

○田浦直君　いや、私は局長のおっしゃられていることはわかるんですよ、五十五年にそういう基本懇の報告が出ているということは。じゃ、その未指定地域の住民はもう捨て去りになるわけですか。五十五年基本懇の報告が出る前の住民が科学的根拠がなくても指定を受ける、五十五年基本懇が出たらもうその後は一切認めない、これでは不公平ではないですか。まして、こちらの方に原子雲が流れてプルトニウムも放射能も残っているわけなんです。私は、だからこれはそこに住んでいる住民からとってみれば非常に不公平だという気持ちは否めないと思うんですね。それについて私は行政上の不公平があるのではないかと、こう申しているわけです。お尋ねをします。

○政府委員（松村明仁君）　先ほど来申し上げておりますように、科学的な調査をした結果、指定拡大要望地域においては、長崎原爆の放射性降下物の残留放射能による健康影響はないと、こういうふうに言われております。

　したがいまして、これを均衡を保つという面から仮に指定いたしますと、先ほど申しましたように、昭和五十五年の報告に見られるような状況になると、こういうことで私どもは昭和五十五年のこの報告の精神に基づいて行政を進めておる、こういうことでございます。

○田浦直君　今おっしゃられた基本懇の「これまでの被爆地域との均衡を保つためという

理由で被爆地域を拡大することは、関係者の間に新たに不公平感を生み出す原因となり、ただ徒らに地域の拡大を続ける結果を招来するおそれがある。」と、今そうおっしゃられましたですね。

私は、長崎県議会あるいは市議会、町村議会から、一県一市六町、それぞれの議会で今後それ以上の拡大を要求することはないという議決をして、今度は厚生省の方にお願いに来ているというふうに思っておるわけですね。この議決をとるのには実は大変な苦労があったんです。行政区域の中にも、十二キロなら十二キロで切るとどうしてもはみ出す地域がある、そうすると指定を受けられない人が残るということで、その方々については県やあるいは市町村で何とかするからということでお願いをして、議会で議決をして今持ってきているということなんですね。

私は、そういうふうな大変な御苦労を長崎県でもやっておられるということから、もうぜひ厚生省においてもお考えをいただきたいというふうに思うんですけれども、それについてひとつ何か御意見があったらお聞きしたいと思います。

○**政府委員**（松村明仁君）　長崎の地元の方々には先日も厚生省を御訪問いただきまして繰り返し御要望をいただいておりまして、御要望の内容が少し変更されたということは私どももよく存じております。

しかしながら、繰り返しでまことに恐縮でございますが、被爆地域の見直しについては、科学的、合理的根拠がある場合に限定して行う、こういう私どもの一貫した立場でございますので、ぜひともここのところを御理解賜りたいと思います。

○田浦直君　もう時間ですから最後にしたいと思いますけれども、その科学的、合理的な根拠というのが一つの言葉になってひとり歩きしているわけですね。私が述べているのは、科学的、合理的な根拠でやるなら、すべてそうしてやらなければ逆に不公平感が県民の間に出てくる。したがって、今指定を受けている地域よりも受けてない地域の方が放射能が残っているというのがこの前の平成三年の調査でも出ているわけですから、それはひとつ重視してやっていただきたい。そしてまた、議会でもそういう決議までして今度は上ってきておるわけですから、そこはひとつ配慮をしていただいて、これは先ほども述べましたけれども、法律でも何でもないわけですから、解釈の仕方によっては考えられるわけですね。だから、情けのあるというか、そういうふうな行政をぜひお願い申し上げたいと思います。

時間が参りましたから、これで終わらせていただきたいと思います。

第149回国会　参議院　国民福祉委員会　第1号　平成12年8月9日

平成十二年八月九日（水曜日）
午前八時四十七分開会

委員氏名

委員長	狩野　安君
理　事	田浦　直君
理　事	勝木　健司君
理　事	山本　保君
理　事	小池　晃君
	入澤　肇君
	尾辻　秀久君
	久野　恒一君
	中曽根弘文君

八月九日

委員の異動

南野知恵子君
水島　裕君
山崎　正昭君
今井　澄君
佐藤　泰介君
松崎　俊久君
柳田　稔君
沢　たまき君
井上　美代君
清水　澄子君
堂本　暁子君
西川きよし君

辞任　　　　　　　補欠選任
勝木　健司君　　　久保　亘君
佐藤　泰介君　　　石田　美栄君

出席者は左のとおり。
委員長　　　　　　狩野　安君
理　事　　　　　　田浦　直君
　　　　　　　　　勝木　健司君
　　　　　　　　　柳田　稔君
　　　　　　　　　山本　保君
　　　　　　　　　小池　晃君
委　員　　　　　　入澤　肇君
　　　　　　　　　尾辻　秀久君

久野 恒一君
中曽根弘文君
南野知恵子君
水島 裕君
山崎 正昭君
石田 美栄君
今井 澄君
佐藤 泰介君
松崎 俊久君
沢 たまき君
井上 美代君
清水 澄子君
堂本 暁子君
西川きよし君

国務大臣
厚生大臣　　津島　雄二君
政務次官
厚生政務次官　　福島　豊君
事務局側
常任委員会専門員　　大貫　延朗君
政府参考人
文部省体育局長　　遠藤純一郎君
厚生大臣官房障害保健福祉部長
今田　寛睦君
厚生省生活衛生局長
西本　至君
厚生省社会・援護局長
炭谷　茂君

厚生省老人保健福祉局長　大塚義治君
厚生省児童家庭局長　真野章君
厚生省年金局長　矢野朝水君

本日の会議に付した案件
○国政調査に関する件
○政府参考人の出席要求に関する件
○社会保障等に関する調査
（臓器移植に関する件）
（雪印乳業食中毒事故に関する件）
（長崎における原爆被爆地域の見直しに関する件）
（社会保障制度改革に関する件）
（ＨＡＣＣＰ制度に関する件）

（アレルギー性疾患対策に関する件）
（介護保険の施行状況に関する件）
（児童に対する性的虐待の防止に関する件）
（無認可保育所に関する件）
（社会福祉施設等における食中毒予防に関する件）
○理事補欠選任の件
○介護保険の緊急改善、医療費自己負担引上げ反対に関する請願（第五九号）
○在宅介護利用料の引下げ等介護保険の緊急改善に関する請願（第六〇号外一件）
○継続調査要求に関する件
○委員派遣に関する件

○**委員長**（狩野安君）　ただいまから国民福祉委員会を開会いたします。
まず、委員の異動について御報告いたします。
去る七月二十七日、中原爽君が委員を辞任され、その補欠として中曽根弘文君が選任されました。

○委員長（狩野安君）　次に、国政調査に関する件についてお諮りいたします。
　本委員会は、今期国会におきましても、社会保障等に関する調査を行いたいと存じますが、御異議ございませんか。
〔「異議なし」と呼ぶ者あり〕
○委員長（狩野安君）　御異議ないと認め、さよう決定いたします。

○委員長（狩野安君）　これより質疑を行います。
　質疑のある方は順次御発言願います。
○田浦直君　おはようございます。自由民主党の田浦直でございます。
　きょうは八月九日ということで、長崎の原爆記念日でございます。私も被爆者でございまして、三千八十メーターのところで被曝をした者でございます。そんな関係もありまして、きょうは長崎の原爆の問題についてお尋ねをさせていただきたいと思っております。時間が余りございませんので、もう単刀直入、核心からお尋ねをさせていただきます。

平成三年に残留プルトニウムの調査を厚生省がされまして、その結果、長崎の原爆の中心地から東側の方にプルトニウムが残っているという結果が出ておるんですね。ところが、長崎の被爆指定地は南北の方に十二キロ、東西に七キロというふうなことで、この残留プルトニウムからいいますとちょっと矛盾しているんじゃないかというふうに思うわけです。東の方向に風が吹いて、これはもう原爆の当時の長崎測候所の記録にも載っておるんです。残留プルトニウムもそれを裏づけていると思うんですね。

ところが、その地域の方々が被爆地として指定されずに、今回のプルトニウムの調査で出ていないところが指定されているというふうな結果になっておるわけでございまして、私はぜひこの点を是正していただきたいというふうに思うんですけれども、まずそれについて大臣からのお答えをお願いしたいと思います。

○**国務大臣**（津島雄二君）　みずから被爆経験をお持ちになり、また医療の専門家である田浦先生の御質問でございます。

今の長崎の指定の問題でございますが、三十二年に原爆医療法が制定されまして、その当時の地形も考慮し、爆心から連続している行政区域単位で被爆地域として指定したものでございますので、これは原爆放射線の広がりや人体影響に関する科学的な知見が蓄積されていない当時の状況下のやり方であったと思っております。

御指摘の残留放射能プルトニウム調査報告書、平成三年でございますけれども、これで東部地域で現在指定されていない地域においての残留プルトニウムが有意に高い値が認められたとの報告もされておりますけれども、現在の知見によりますと、その値は健康に影響を及ぼす程度のものではないとされておるところであります。

被爆地域の指定にはさまざまな経緯がございますけれども、基本的には科学的知見などによって判定をしなければならないというものでございまして、この意味では、今回の要望地域と既に指定された地域との間で指定に対する考え方が整合性に欠けるじゃないかという御説もございますけれども、私どもとしては、特にここは矛盾をしているものではないというふうに考えておるところでございます。

○田浦直君　過去の指定は行政区域によってやったということなんですね。だから、今回の調査で出ていないところもその指定に入っているんだと。そうしますと、今回の調査でプルトニウムが出ているところの住民の方々からいえば、それは行政として不公平じゃないか。自分たちのところはプルトニウムがたくさん残っておる、しかし残っていないところは指定する、これではやっぱり行政として大変私は不公平ではないか。住民としては、是正してほしいという希望あるいは声は当然あるんじゃないかなというふうに思うんですね。

　私は、政治も行政もやっぱり国民あるいは住民に対して公平でないといかぬと思うんです。まずその点について、行政としてそれでいいのかということをお尋ねさせていただきたいと思います。
○国務大臣（津島雄二君）　現在の考え方は、科学的な知見によって判断をするということになっておる。その一方で、かつて昭和三十二年に指定をいたしましたときは行政単位でやったというところから、今、委員が御指摘のような食い違いがあるじゃないかということであろうかと思います。
　要は、これまでの蓄積された科学的知見によりまして判断をするということから申しますと、平成三年の調査は残留放射線量による影響は認められないと結論づけておるものでございまして、調査のやり方におきましても、実施されたサンプリング方法も専門的に見ても妥当なものでございますので、科学的に調査報告書は信頼できる内容であると考えざるを得ないわけであります。

　そういう意味におきまして、今、地域指定を変えるという結論にはつながらないというふうに私どもは考えておるところであります。

○田浦直君　私は、先ほどから述べましたように、それではやっぱり住民に対して不公平ではないかということを一点申し上げておきます。

それから、残留プルトニウムの健康に対する影響ということですが、実は私は残留プルトニウムの調査をするというときに反対をしたんです。戦後五十年ですよね。その五十年後に長崎の何十カ所かの土地のプルトニウム残留量を調査して、その結果、それが本当に人体に影響があるのかないのかという判断を本当にできるのかどうかということなんですね。

私は逆に、五十年たってもプルトニウムが残っておる地域がたくさんある、このことに驚いたぐらいなんです。それが健康に影響があるのかないのかということは、そう簡単に私は決められる問題ではないと思うんですね。出ているのは二十シーベルトという数字が出ているわけです。これはもう五十シーベルトだと健康に害があって、がんが発生するという数字になっているんです。その辺が私はちょっと厚生省の判断が早過ぎるんじゃないか、あるいはちょっと正確ではないんではないかというふうに思うんです。

そういうふうな意味を含めまして、本当に黒い雨が降って、放射能が残って、そしてそこで何人もの方々が亡くなっているんですよ。そこの地域が指定されないで、そして今度調べてみたら、全然出ていない、恐らく当時は放射能がたくさんあったかもしれません、でも残っていない、そこの地域は指定されている。それでは住民として、やっぱりこれは不公平だという声が上がるのは当然じゃないかと、こういうふうに私は申し上げておるところなんです。

もう時間もございませんから、住民あるいは国民のそういう行政に対する不公平さということについて、この被爆地を指定しないというふうな厚生省のかたくなな姿勢で本当にこれは国民の理解を得られるのかということを申し上げて、最後に大臣から御所見などをお伺いさせていただければと思います。

○**国務大臣**（津島雄二君）　確かに委員御指摘のとおり、三十二年当時の指定は地形を考慮しつつも行政区域で決めておりますから、御承知の長崎市のあの形からいいますと、被爆地域の指定として科学的知見と完全に整合しているかどうか、これは議論のあるところでございます。

しかし、原爆放射線の広がりやその人体に対する影響ということになりますと、それは私もやっぱり全くの素人でございまして、専門家による科学的知見がどのように蓄積されてきたか、その結果としてどういう御判断が専門家によって行われているかということは、これは尊重せざるを得ないのは私の立場でございまして、そういうことから申しますと、地域指定を変更することは難しいのではないかと。被爆者援護法を立法いたしましたときも、あくまでも原爆放射能に起因する健康被害に着目して援護策を講じてほしい、こういうことでございますから、その原爆放射線に関する科学的知見によって判断をせよと、こういうふうに私どもは受けとめざるを得ないと思っております。

なお、今回、長崎市を中心として原子爆弾被爆未指定地域証言調査報告書というものが出されておりまして、今、委員が御指摘のような指定地域以外に起こったことについて改めて資料が出されておりますが、これを貴重なものといたしまして、詳細に調査研究をさせていただきたいと思っております。

○田浦直君　終わります。

第149回国会　参議院　決算委員会　閉会後第2号　平成12年8月30日

平成十二年八月三十日（水曜日）
午前十時開会

委員の異動
八月二十九日
辞任　補欠選任
亀谷　博昭君　中島　眞人君
八月三十日
辞任　補欠選任
中島　眞人君　亀谷　博昭君
円　より子君　郡司　彰君

出席者は左のとおり。

委員長　鎌田　要人君

理　事　鹿熊　安正君

月原　茂皓君

南野知恵子君

川橋　幸子君

佐藤　雄平君

高嶋　良充君

委　員　岩城　光英君

佐々木知子君

佐藤　昭郎君

田浦　直君

中島　啓雄君

中島　眞人君

中原　爽君
松田　岩夫君
朝日　俊弘君
郡司　彰君
佐藤　泰介君
菅川　健二君
海野　義孝君
大森　礼子君
福本　潤一君
阿部　幸代君
緒方　靖夫君
八田ひろ子君
田　英夫君
福島　瑞穂君
岩本　荘太君

国務大臣

法務大臣　保岡　興治君
大蔵大臣　宮澤　喜一君
国務大臣（科学技術庁長官）
　大島　理森君
厚生大臣　津島　雄二君
通商産業大臣　平沼　赳夫君
運輸大臣　森田　一君
郵政大臣　平林　鴻三君
自治大臣　西田　司君
国務大臣（内閣官房長官）
　中川　秀直君
国務大臣（総務庁長官）
　続　訓弘君
国務大臣（防衛庁長官）

虎島　和夫君

国務大臣（環境庁長官）

川口　順子君

内閣官房副長官

内閣官房副長官　上野　公成君

政務次官

外務政務次官　荒木　清寛君

大蔵政務次官　七条　明君

通商産業政務次官　伊藤　達也君

郵政政務次官　佐田玄一郎君

建設政務次官　田村　公平君

自治政務次官　荒井　広幸君

防衛政務次官　仲村　正治君

防衛政務次官　鈴木　正孝君

経済企画政務次官　小野　晋也君

会計検査院長　金子　晃君

事務局側

常任委員会専門員　島原　勉君

政府参考人

公正取引委員会委員長　根來　泰周君

警察庁刑事局長　五十嵐忠行君

科学技術庁原子力局長　中澤　佐市君

法務省刑事局長　古田　佑紀君

法務省人権擁護局長　横山　匡輝君

外務省経済協力局長事務代理

国税庁徴収部長　西ケ廣　渉君
厚生省保健医療局長　井野　拓磨君
篠崎　英夫君
厚生省老人保健福祉局長　大塚　義治君
厚生省保険局長　近藤純五郎君
通商産業大臣官房商務流通審議官　杉山　秀二君
運輸省鉄道局長　安富　正文君

説明員
会計検査院事務総局次長　小川　光吉君
会計検査院事務総局第一局長

会計検査院事務総局第二局長
増田　裕夫君
会計検査院事務総局第三局長
関本　匡邦君
会計検査院事務総局第四局長
白石　博之君
会計検査院事務総局第五局長
渡辺　孝至君
諸田　敏朗君

本日の会議に付した案件

○平成十年度一般会計歳入歳出決算、平成十年度特別会計歳入歳出決算、平成十年度国税収納金整理資金受払計算書、平成十年度政府関係機関決算書（第百四十七回国会内閣提出）
（継続案件）

○平成十年度国有財産増減及び現在額総計算書（第百四十七回国会内閣提出）（継続案件）
○平成十年度国有財産無償貸付状況総計算書（第百四十七回国会内閣提出）（継続案件）
○理事の辞任及び補欠選任の件

○**委員長**（鎌田要人君）　ただいまから決算委員会を開会いたします。

委員の異動について御報告いたします。

昨二十九日、亀谷博昭君が委員を辞任され、その補欠として中島眞人君が選任されました。

また、本日、円より子君が委員を辞任され、その補欠として郡司彰君が選任されました。

○**委員長**（鎌田要人君）　平成十年度決算外二件を議題といたします。

本日は、昨日に引き続き、全般的質疑を行います。

質疑のある方は順次御発言願います。

○**田浦直君**　おはようございます。自由民主党の田浦直でございます。

東京も非常に暑いんですけれども、長崎の八月というのは特に暑いときでございます。それは、原爆が落ちて五十五年を今迎えようとしておるところでございます。

この前の八月九日のこの長崎の原爆記念日に、国民福祉委員会が参議院で開かれました。そのときに多くの委員の方々から被爆地域拡大についての質問が出されたわけでございます。私も質問させていただいたわけですけれども、厚生大臣の御答弁の中で、長崎の県、市、それから被爆者の方々とお会いしようというふうな非常にありがたいお言葉をいただきました。八月二十四日にそれが実現をしたということでございます。それから、八月九日は森首相が長崎の方に行かれまして、記者会見の場で、この地域拡大について大変前向きの御発言をいただいたということもあるわけでございます。

そんなことで、きょうはまず冒頭に津島厚生大臣に、この前の首相の発言、あるいは地元の住民の代表と会われまして、その結果の率直なただいまの御意見というところを初めに聞かしていただければというふうに思います。

○国務大臣（津島雄二君）　八月になりますと長崎、広島の原爆を忘れることはできないわけでございますが、そういう中で、委員御指摘のとおり、当院の国民福祉委員会におきまして大変熱心な御議論をちょうだいいたしました。また、御指摘のとおり、森総理が長崎の行事に参加をしたときに多くの方に御意見を賜り、これまでの原爆援護対策において地域的に問題が残されているんじゃないか、こういう御指摘でございました。

私も、委員会の審議におきまして、最近までにまとめられました被爆者の体験報告というもの、そしてまた総理の長崎における御発言も踏まえまして、地元の住民の方々に直接お会いをして御意見を聞くことにしたいと申し上げましたが、八月二十四日に先生方のお力添えもございまして実現することができたわけでございます。

これまでに取りまとめられました長崎の被爆者の証言調査報告書によりますと、健康に対する問題の中でこれまで十分に取り上げられなかった健康に対する心的外傷後ストレス障害という、いわゆるＰＴＳＤという最近の医学の知見に基づく問題点が取り上げられていることについても私どもは関心を持ってございまして、大変貴重な資料であると認識をしておるわけであります。

これまでもしばしば申し上げておりますが、被爆地域の指定につきましては科学的、合理的な根拠がある場合に限定して行うべきであるという基本的な方針を私どもいただいておるわけでありますけれども、最近までのいろいろな事情というものも念頭に置きまして、特にこの証言調査報告書についても専門家の意見を伺うなどして十分に精査、研究をしなければならないなというふうに今感じておるところでございます。

これが直接住民の方にお会いして私が強く感じたところでございます。

○田浦直君　今、大臣から話がございましたように、心のケアという問題を今回は取り上げて、八十五名の方からの証言集というものをまとめて、厚生省にも提出をさせていただいたということでございますけれども、実はその証言集の裏には三百十二人の方々の証言がございます。それから、そもそもその原本になるものには七千二十五人の証言集というものを長崎市では保管をしておるというふうなことで、この抜粋ということでございますので、この問題についてはもう本当に長崎市をまとめてといいますか、懸命にさせていただいたというその努力をぜひ買っていただきたいというふうに思っておるところでございます。

それで今、科学的、合理的という話がございましたけれども、実は平成三年に長崎原爆残留放射能プルトニウム調査というものをやっているわけでございます。この調査が、検討結果が三年六カ月の年月を経ているわけなんです。

我々が心配しますのは、対象住民という方々が被爆後五十五年になっているわけですからもう年々高齢化をしておりまして、時間がないという側面があるんですね。

三年とか四年とか時間をかけられると、また大変その間に亡くなられる方々もおられるというふうに思いますので、ぜひ早急に結論を出していただきたいなと思っておるところでございますけれども、その面談会の中で津島厚生大臣の御発言は、二十世紀最大の悲劇を二十一世紀に残したくないという考え方は共有しておるというふうな御発言もありますので、私どもは非常に希望を持っているわけですが、この問題に関してはどのくらいの時間をお考えなのか、その辺についてお尋ねをしたいと思います。

○国務大臣（津島雄二君）　私も、おいでになりました被爆者の方々に、二十世紀の最大の悲劇の後遺症を次の世紀に残したくないと申し上げたことはそのとおりでございます。

問題は、今回の証言調査報告書で取り上げられております健康に対する不安やＰＴＳＤなどの新しい要素というものを科学的にしっかりした根拠に基づいてどのように受けとめるかということでございますから、それなりの検討は必要で、また適切に行わなければならない。また、多方面の専門家の意見を伺うことも必要でございますので当然一定の期間が必要でございますが、一年を超えることのないよう、できるだけ早期に結論を出したいなというのが私の今の気持ちでございます。

○田浦直君　ただいま一年ということで期限を切っていただいて、これは大変ありがたいと思っております。

ただ、欲を言いますと、今世紀中にということで、ことしいっぱいぐらいに何とか結論を出されないのかなというのが我々の切なる希望なんですけれども、もう一度御検討いただけませんでしょうか。その辺はいかがでしょうか。

○国務大臣（津島雄二君）　先ほど御答弁申し上げましたように、やはりそれなりのきちっとした対応をいたしませんと国民の理解は得られないという面もございますので、最大限の努力を、一年を超えることのないようにいたしますので、御容赦をいただきたいと思います。

○田浦直君　一年以内ということで、できるだけ早くということで理解をさせていただきたいというふうに思っております。

厚生省ではこの問題について検討会を設置されるというようなことで進められているようですけれども、その場合に検討会の構成ですね、メンバー、あるいは今話がありました検討会の結論の時期といったようなものについて、これは局長からでも結構ですから、おおよその今のところの状況を説明していただければと思っております。

○政府参考人（篠崎英夫君）　ただいま大臣の方から御答弁申し上げましたが、この証言調査報告書の検討に当たりましては科学的な専門家による検討が必要というふうに考えております。特に、身体的影響ばかりではなく精神的影響などについても評価をしていただける分野の学識経験者にお願いをしたいというふうに考えておるところでございます。

○田浦直君　私どもの希望としましては、この前東京で被爆地域あるいは被爆の今話がありました後障害、心的な後障害についてのシンポジウムをさせてもらったんですけれども、非常に長崎でも熱心にこの問題に取り組んでいる学者の方々もおられるんですね。この前の基本懇のときには地元の方がたしか入っていなかったと思うんですけれども、この検討会にはぜひ地元からも、そういう学者でも結構ですけれども、メンバーとして加えていただきたいなというふうに思いますけれども、その点についてはいかがでしょうか。

○国務大臣（津島雄二君）　今回の検討に当たりましては、今お話が出ておりますような新しい要素も評価していただくわけでありますから、それにふさわしい各分野の学識経験者にお願いしたいと考えております。

ただ、その際に、被爆地域にかかわりのある方で専門的な知識を持っておられる方にも参加していただくことがいいのではないかというふうに考えておりますので、地元の御要望も参考にしつつ具体的な人選を進めたいと思っております。

○田浦直君　大変ありがとうございました。

この被爆者といいますか、未指定地区の被爆者、本当に五十五年間心待ちに待っておるところでございますので、今、大臣からも話がありましたように、この問題については一年以内、そして我々の希望としては今世紀以内に結論づけていただきたいというふうに思っております。

原爆については、これで質問は終わらせていただきたいと思います。

私は、次に、医療制度の抜本案づくりということについてお尋ねをさせていただきたいと思っております。

医療の抜本案というのは、実は、二〇〇〇年までにつくり上げるということを私も厚生委員会とか国民福祉委員会で何回も質問したときに、大臣が責任を持って答弁をされたのを記憶しているんです。それが二〇〇〇年間近になりましたら、するっと二〇〇二年までだということになっているわけなんですね。私は、大臣があれだけ答弁したんだからそれなりのやっぱり責任があるんじゃないかな、あるいは、大臣はかわられておる、今の大臣ではないわけですけれども、厚生省としても何らかの責任があるんじゃないかなというふうな気持ちを持っているわけでございます。

しかし、二〇〇二年までにということでございますから、今後これをまた延ばすというふうなことは、これは絶対あってはならぬことだと思うんです。もう二〇〇〇年も六カ月、二分の一年は過ぎておりますし、なかなか私の耳には具体的に取り組んでいるようなそういうものが聞こえてこないんです。本当に二〇〇二年に間に合うのかなという気がしておるわけなんですけれども、その問題について、大臣の御決意をお尋ねしたいというふうに思います。

○国務大臣（津島雄二君）　御指摘のとおり、今後の急速な高齢化による医療費の増加を考えますときに、医療保険制度の抜本的な改革を行い、持続性のある制度を構築するということは社会保障制度のあり方として基本的な今課題であると思っておりますし、また、委員御指摘のとおり、もはや猶予を許さない段階に来ている、ここが決まらないと二十一世紀の日本の経済社会の形が決まらないとさえ私は言えると思っておりますので、決意という意味ではできるだけ早くそういう方向を打ち出したいと私は思っているわけでございます。

幸い、今、社会保障制度のあり方についての有識者会議というものもございますので、厚生省の枠にとどまらず、より広く全体としての政策の整合性を図りながらこの問題について方向性を打ち出していきたいというふうに思っておるわけであります。

さはさりながら、平成十四年、二〇〇二年まで一応先延ばしされた中でこれを放置しておくわけにはいきませんので、前国会に提出をいたしましたけれども廃案になった経緯もございます医療保険制度の改革案、これをぜひとも臨時国会で御議論をいただきたいと思っております。

薬価差の縮小とあわせて、医療の質の向上を図る観点から診療報酬や薬価の見直しということを予定しておるわけでございますが、この健康保険法改正案は、その貴重な第一歩としてぜひとも早期の実現を図らせていただきたいと思います。

さらに、基本的な問題としては、高齢者医療制度をどうするか、ここがやはり一番大きい問題点になると思いますけれども、これまで平成十二年度に抜本改革の方向を決めると言っておってできなかったのは、まさにこの点について意見集約ができなかったわけでございますが、医療保険制度全体のあり方も視野に入れながら、先ほど申し上げました有識者会議等の議論も得て、ぜひとも国民及び関係者の理解を得ながら方向性を、そして基本的な考え方を打ち出してまいりたいと思っております。
○田浦直君　これまで厚生省が進めてこられた抜本案づくりというのは大体四つの大きな

柱で、薬価の問題、診療報酬の問題、医療提供体制、それから今、大臣がおっしゃられた高齢者医療制度をどうするかということだろうと思うんですね。

高齢者医療制度については、今、大臣がおっしゃられたように、これが一番の私も大きな問題だろうというふうに思うんですが、その他の三つについて、この十二年度までの改革の総括、それからこれからの課題、そういったものについて厚生省のお考えをお尋ねしたいと思います。

○政府参考人（近藤純五郎君）　先生御指摘のとおり、医療制度の抜本改革につきましては、診療報酬体系、薬価の問題、高齢者への医療制度、それから医療提供体制、この四つの主要課題について検討を進めてきたところでございまして、平成十二年度におきましては、薬価差の縮小にあわせまして、高齢者の慢性期医療につきまして包括化を推進する、こういったこととか、あるいは小児医療が非常に危機に陥っておりますし、それから救急医療、こういったものについて診療報酬を重点的に充てるとか、こういったことで薬価と診療報酬の改定を実施したところでございます。

それから、これは高齢者医療とも若干関係するわけでございますけれども、老人の定率の一部負担、これを上限、月額の上限つきではございますけれども、導入するといった案を提案したわけでございますし、それから医療提供体制の関係では病床区分の見直しなどを内容といたします医療法の改正法案を提出したわけでございまして、両法案とも廃案になりましたので、次の国会でぜひとも成立を図りたい、こういうふうに考えておるわけでございます。

残された課題というのは、はっきり申し上げてたくさんあるわけでございますので、主立ったものを申し上げたいと存じますけれども、まず薬価の関係でございますけれども、R幅方式というものを廃止したいということで、必要最小限の二％ということに下げたわけでございますが、このR幅方式にかわります薬価算定ルールをつくっていくこと。それから、先発品、後発品、これを公平な競争条件のもとで競争をしていただく、こういった条件整備をする必要がございますし、それから、画期的な医薬品、こういったものについての新たな算定ルールをつくらなきゃいかぬというのが薬の関係でございます。

それから、診療報酬の関係でございますけれども、これは中医協でたくさんの宿題をいただいているわけでございます。時代の変化に応じまして医療の質の向上と効率化を図る、こういう観点から、これは改定のたびごとに逐次改正していく必要があるものと、こういうふうに考えているわけでございます。

それから、医療提供体制の見直しの関係では、今回も一部入っているわけでございますが、病院と診療所の機能分担の連携、こういったものをさらに促進する必要がある。医療の問題、いろいろ課題を抱えておりますので関係者の理解を得ながら逐次進めていく必要がある、こういうふうに考えているわけでございます。

高齢者医療制度については、先ほど大臣からお話ししたとおりでございます。

○田浦直君　ただいまの報告はそのとおりだと私も思うんですね。

ただ、薬価差を今度はなくしたということで、これは画期的なことだったかもしれませんけれども、薬価差というのは、これまでは診療報酬に次ぐ、診療報酬が低いために第二の診療報酬というようなことで暗黙の了解に立って薬価差というのがあったわけなんですね。だけれども、薬価差というのはこれは悪だというふうな風潮がありまして、これは医師会の方もなくそうということで今おっしゃったように薬価差がなくなった。

そのかわりに、薬価差で成り立っておったような病院、主として大きな病院は非常に経営に今度は苦しむということになっておるんですね。これはもう国立もそうだし、国公立病院みんな赤字、みんなとは言いませんけれども、大多数の病院は赤字病院になっているというふうなことで、私としては、本来の姿に、技術料を上げる、技術料で病院、診療所は経営できるというふうな方向にぜひ進めていただきたい。薬価差をなくすだけだというのではこれは本当に多くの病院が倒産するんじゃないかなと私は危惧をしておりますので、その辺も配慮をしながらこの問題については御検討をしていただきたいというふうに思っております。

それから、今、大臣もおっしゃられましたように、一番の問題は高齢者医療を一体どうするのかということにもう尽きるのではないかなと思うわけでございます。

この高齢者医療につきましては、これまでもいろんな案が出ておりますね。例えば、七十五歳以上の後期高齢者の方々はそこのところだけで独立した保険制度をつくってはどうかというふうな案ですね。あるいは、一たん健康保険組合に入ったらこれはもうOBとなっても、現役を卒業してでもその保険でずっと見る方がいいんじゃないかと、これは吹き抜け案といいますか、その他いろいろ案が出ておるんですね。

私もそれをいろいろ検討しているんですけれども、それなりに確かに一長一短はあると思うんですが、それぞれの案を厚生省としてはどのように評価し、厚生省としてはどういうふうにまとめていかれようと考えておられるのか、その点についてお考えをお尋ねしたいと思います。

○国務大臣（津島雄二君）　ただいま委員御指摘になりましたように、高齢者医療制度のあり方につきましてこれまで各方面からさまざまな考え方が示され、これが昨年八月の医療保険福祉審議会の意見書で四つの考え方に集約してあるわけで、今、大体委員がお触れになったわけでございますけれども。

それぞれについていろいろ問題がございまして、かいつまんで申しますと、いわゆる独立保険方式、これは高齢者を既存の医療保険制度からその部分だけ分離して、それでより多くの公費を財源として給付を賄うという考え方でございますけれども、当然のことながらその部分は大きな税財源を投入する必要が出てくる。その財源をどうするか、それから保険者はだれがいいのかという課題がございます。

それから次に、いわゆる突き抜け方式と言っておりますけれども、健保組合、それから国民健康保険等々を基本とする現在の医療保険制度を変更することなく、被用者保険グループと国民健康保険グループとでそれぞれグループ内でずっと突き抜け方式で高齢者を支えるという考え方でありますが、当然、構造的に高齢者の加入率が著しく変わってくる。特に、国民健康保険の場合には負担が増嵩するという問題がこれはもう指摘されているとおりであります。

このほか、年齢やリスクの構造的な問題を調整していったらどうかという考え方がございますけれども、これはもう現行の拠出金制度がおおむねそういう考え方に沿っているわけでありますから、これをさらに拡大する結果として今の問題の解決にはならないとおっしゃる批判がございます。それから、逆に今度は全部一本にしてやるとなると、これは保険者間で大きな変化が起こってくる。こういうふうに、どの方式についても問題点があって、これを集約できる段階になっていないということがございます。

それからさらに、最近だんだんと出てまいりました議論として、医療保険全体にかかわる議論でありますけれども、日進月歩の医療技術の進歩を考えた場合に、医療の中に公的保険でカバーできる部分と、それから、より多くの民間活力を生かす部分があるんじゃないかというような考え方も最近は出てきていると承っております。

こういうもろもろの議論を参考にしながら、委員御指摘のとおり、できるだけ早く実現可能な具体的な制度案をつくりたいなということで、今、鋭意検討させていただいております。

○田浦直君　私は、今行っている老人医療の制度というのは、大半は老人医療拠出金に賄われているというところが強いと思うんです。ところが、老人医療拠出金は、制度発足当時は、組合の方からいうと一五％ぐらいの負担だったということで、当初は悪くなかったんですが、現在はもう三〇％を超える数字になっているんですね。

私も長崎の健保組合からいろいろ陳情を受けるんですが、その中を見ますと、もう四〇、五〇台の組合も結構あるんですね。これは、高齢化がどんどん進んできたということでそのようにならざるを得ぬということになるんですが、これは発足当時から見ますと随分社会的に情勢が変わってきたなというふうに判断をして、この老人医療拠出金についてもやっぱり何か改革しなければならぬという時期に来ているんじゃないかなというふうに思うんですね。

私は、この老人医療拠出金が、先ほど大臣がおっしゃった老人医療費についての一つの大きな問題の中のまた核になる問題ではないかなというふうに思っておりますので、この拠出制度について厚生省は今どんなふうにお考えなのか、その辺をお尋ねしたいと思います。

○政府参考人（近藤純五郎君）　老人保健制度は昭和五十八年に発足したわけでございまして、もう十七年を経過しているわけでございます。その間、高齢化が大変な勢いで進んでいるわけでございまして、それと同時に老人医療というのも非常な勢いでふえている、こういうことでございます。それから、一方では、経済が低迷をいたしまして保険料収入の伸びというのは非常に厳しくなっている、こういう状況にあるわけでございます。

そうした関係から、老人医療費の拠出金、これは財源が保険料であるわけでございまして、一部は国費で出しておりますけれども、大部分が保険料という財源でございますので、各医療保険者の財政というのは非常に圧迫されている、はっきり言って悲鳴を上げている、こういう状況であるわけでございます。このほかに退職者医療の拠出金もございますので、いろいろ合わせますと大変な負担になっている、こういうことでございます。

先生の御指摘のとおり、この老人の医療費の拠出金をどうするのかというのがこれからの最大のポイントだというふうに思っております。

医療保険を支える財源といたしましては、保険料とそれから公費、税でございますが、これと患者負担、この三つの財源になるわけでございますが、これをどういうふうに今の時代に組み合わせるのが国民の御納得を受けるか、こういうことを我々として中心的なテーマとして検討している、こういうことでございます。

○田浦直君　拠出金制度、これは、私が感じますのは、保険者というのが存在しないんですね。したがって、これはどこがその責任を持っているのかということ、それがあいまいだということになるんですね。それで、負担と給付の関係というのが、これが複雑なものですからぴんとこないんですよ。そんなことがあってなかなか理解が得られないというふうな気がするんですね。

今、答弁の中では、公費と保険料と自己負担ということで成り立っているんだという話でしたけれども、私は大体、老人医療の公費の負担は三割、おおよそ三割ですね、拠出金の方が五割ぐらいということになっているんじゃないかと思うんですが、例えば介護保険なんかはこれは公費が五〇%なんですね。それから、基礎年金も今は三分の一ですが、これも五〇%にしようということで進められておるんですね。

この拠出金を出すために、本来の保険組合が非常に窮迫をしているということを救うためには、私は、今のそのほかの保険制度から見て、この老人医療費も三〇%の公費の負担を五〇%にするべきだ。そうすると、保険者もそれなりに拠出金が減ってくるわけで、この問題はかなり解決するんじゃないかなというふうに思うんです。

根本的にはこれだけではだめだけれども、とりあえずそういうことができないものかどうかというふうに私は思っているんですけれども、その点についてはいかがでしょうか。

○**国務大臣**（津島雄二君）　高齢者医療制度をどう見直していくか、本当に大きい問題でございます。

ずっと申し上げておりますように、まだ意見を集約するに至っておりませんが、去る三月二日に厚生省に高齢者医療制度等改革推進本部を設置いたしまして、省を挙げて取り組む体制を整えたところでございます。高齢者にとってふさわしい医療のあり方を含めて、医療保険制度全体のあり方も視野に入れながら、改革のための具体的措置について、遅いと言われるかもしれませんが、平成十四年度を目途に精力的に検討を進めて方向性を見出したいと考えておるわけでありますが、それじゃどうするかと。

今の委員の御指摘は、私は率直に申しますと一つの考え方かなというふうに思っております。ほかの考え方もいろいろございましょうし、例えば今のような改正をしていく場合に一体何歳から上をやったらいいかとか、いろいろ問題はございますけれども、私個人としては今申されたようなのは一つの参考になるお考えだと思っております。

○田浦直君　先ほどから述べていますように、拠出金のおかげで本来の保険組合が非常に困っているということなんですね。もう四〇％も五〇％もただ拠出金を拠出するだけだというふうなことになると、これはその中の組合員に対する給付という面からいうと大変困った問題だなというふうに思うんです。

ただ、私はこの老人医療費をどう見るのかと。今話がありましたけれども、例えば患者の負担をふやすというのも一つの方法だと思うんですけれども、これは今はもうほとんど限界に来ているんじゃないか。これを幾らかふやしてもこの問題が解決するということには恐らくならないんじゃないかなというふうな気がするんです。

それから、例えば今よく言われている消費目的税をつくって財源を見つけたらどうかと。これはこれなりにいい考えではないかと私は思うんですけれども、これはいろんな税制の問題もあるでしょうから、検討はしていただくということでいいと思うんですけれども、早急の例えば二〇〇二年までに片がつくかどうかという問題になると少し疑問があるわけなんです。

私は、先ほど述べましたように、公費を導入するというのも一つの方法だと思いますし、もう一つは健保間の財政を調整する。確かに今保険料が組合によっては最高の千分の九十五ぐらいまで出しているところもあるんですね。だけれども、また千分の六十で済んでいるところもあるんですよ。そういった組合間の財政の調整をすることによってこの財源が出てくるということも考えていいんじゃないかなと私は思っているんですけれども、その健保間の財政調整ということはどのようにお考えなのか、お尋ねをしたいと思います。

○政府参考人（近藤純五郎君）　健保組合をどういうふうに見るかということになるかと思うわけでございますけれども、健保組合というのは自主独立して財政運営を行うと、こういうのが基本であるわけでございまして、各健保組合もその意識というのは非常に強いというのが実態でございます。

ただ、ある程度は共同体と、こういうことで現在の老人保健事業そのものも各保険者の共同事業という構成をとっているわけでございますけれども、老人保健制度をやってその負担がふえる、こういう事態になってございますので健保組合の内部で事業運営が非常に困難になっていると。こういう健保組合に対しまして、健保組合の中で保険料をプールいたしまして、非常に少額ではございますけれども、その財源をもって財窮健保組合に対して助成をいたしております。これに国の補助金も加えまして非常に経営が苦しい健保組合の負担の軽減を図っている、こういうことであるわけでございます。

この問題は、先ほど来申し上げておりますように、老人の医療費が非常に重くなっている、こういう事態が問題の本質であるわけでございますので、こういう伸びの著しい老人医療費というのをいかに効率化を図っていくかというのも考えながらこの問題も考えていく必要があるのかな、こんなように感じております。

○田浦直君　今、一部プールしているところもあるという話でしたけれども、そういうことができるわけですから。今の大体三・五兆円ぐらい財産があるというふうに聞いておるんですね。したがいまして、私は、財政調整をすることによって老人医療そして拠出金の問題、結構荷が軽くなるというふうな気もするんです。その辺をぜひ検討していただきたいというふうに思います。

いずれにしろ、大臣もおっしゃられましたように、この高齢者医療というものが抜本案の中で一番の問題になるということでございます。この問題に厚生省ではどのような給付体制で取り組んでいくのか、また今後の段取りについてお聞かせをいただきたい、こういうふうに思います。

○国務大臣（津島雄二君）　高齢者医療制度につきましては、先ほど申し上げましたように、高齢者医療制度等改革推進本部を設置して省を挙げて取り組んでいるわけでございまして、平成十四年といいましても来年中には議論してこの大きい問題に方向性を決めなきゃいけないというわけでございますから、これは大作業になると思いますが、どうか本院におかれてもこの議論に御参加いただきまして、私どもの方針を決めていくのに力をかしていただきたいと思う次第であります。

何をおきましても財源がやはり問題になると思います、先ほどちょっと委員が御指摘になりましたような独立した高齢者の制度をつくるにしても。そうなりますと、これは公費をやはり今以上に導入しなきゃいかぬと。その財源をどうするかということもあわせてぜひとも御議論いただきたい。

これまでに社会保障制度でとかく問題があったとしますと、給付の方はみんなすぐ話がつくんです、いい話であれば。ところが、負担の話になると批判ばかり聞こえてくる。私は、これは本当に今度は避けたい。もう両方あわせてぜひとも活発な御議論を本院においても展開していただきたいとお願い申し上げる次第であります。

○田浦直君　では、ひとつ抜本案づくりにつきましては厚生省を挙げて二〇〇二年に向かって進んでいただきたいなというふうに申し上げておきたいと思います。

それから、介護保険の問題を二、三ちょっとお尋ねをしたいと思いますけれども、介護保険が実施されてから今五カ月ぐらいになるんですね。その介護保険の給付実績は今どのようになっておるのか。それから、第一号被保険者の保険料の徴収を凍結しておりますね。どの程度の国庫支出がそのことで生じておるのかをお尋ねしたいと思うんです。

来年度の予算編成は今もやっているわけでしょうけれども、今後の介護保険制度の運営の適正化を図るためには正確な数値の把握と公表が不可欠だというふうに思っておるわけでございます。厚生省としては、給付実績を迅速かつ正確に把握するシステム、そういうものが必要ではないかなと思うんですが、そういうものが確立しておるのかどうかについてお尋ねをしたいと思います。

○政府参考人（大塚義治君）　何点かのお尋ねがございましたが、まず一号保険料の凍結等に関する国庫支出の計数でございますけれども、これは昨年秋に御議論がございました特別対策に基づきまして、昨年の補正予算で既に措置をされている数字でございますけれども、当初の半年間、高齢者の保険料、一号保険料につきましては、これを徴収しないで済むようにする、その後の一年間二分の一相当を軽減するというのを含めまして、またこれに伴う若干のシステム改修費など事務的な経費もございました。それら一連の経費といたしまして総額で七千八百五十億円を当時措置をして、既に各市町村の基金に振り込まれている、こういう状況でございます。

順序が逆になりましたけれども、施行後の給付の状況でございますけれども、これも医療保険と同様でございますが、サービスが行われますとその月の翌月にサービス提供事業者はその費用を請求し、その審査を経て翌々月に支払われる、これは医療保険と同様のシステムでございます。こうした実績につきましては各市町村から給付が行われた月の三カ月後の末までに国に御報告をいただくという、こういうシステムといいましょうかルールになっておりますので、私どもとしてはその数字をきちんととらまえて分析、また必要に応じて公表する、こういう段取りが組まれております。

ただ、今般の法施行四月一日の時点から一カ月、二カ月の間、率直に申しまして、事業者からの請求あるいは審査、支払い事務に多少の混乱が生じました。お互いなれないという面もございましたので、やむを得ない面があるわけでございますけれども、そうしたことを踏まえて一部概算払いのような処理も行われております。

こうした経過がございますので、今年度施行当初の実数につきましては、現在市町村から御報告を一応いただいておりますけれども、それぞれの事情がございますので、都道府県や市町村の御協力も得て今精査の作業を行っているところでございます。

いずれにいたしましても、こうした計数をきちっと把握して、それをベースに制度の運営、施行をしていくということが極めて重要であることは御指摘のとおりでございまして、私どももそれを認識して今後対応してまいりたいと考えております。

○田浦直君　導入直後ということでいろいろ厚生省として考えもあったんだろうと思うん

ですけれども、やはり数字を出すのがやや時間的におくれている。そのことによりまして請求する側もそれに対応できないというふうなことで、今おっしゃったような概算的な処理をされるという場面が生じてきているんじゃないかなと思うんですね。そのような意味から、迅速かつ正確に把握するようなシステムを確立していただきたい、それからその数字の把握と公表をぜひ的確にしていただきたい、このように希望を申し上げておきたいと思います。

それから、在宅それから施設の各サービスごとの基盤整備状況、これと需要バランスの現状をどのように把握しておられますか、お尋ねしたいと思います。

○政府参考人（大塚義治君）　介護関連のサービスの基盤整備につきましては、御案内のとおりでございますけれども、これまでいわゆる新ゴールドプランに基づきましてその拡充整備に努めてきたわけでございますけれども、この新ゴールドプランも各市町村におきますそれぞれの見通しをベースに、これを積み上げたものを基礎にしておりますから、そういう意味では各市町村の一応の需要見込み、これに対応できるような整備ということで進めてまいってきたわけでございます。

現時点と申しましても、正確な数字という意味では平成十年度末の数字が最直近ということになるわけでございますが、例えば特別養護老人ホームにつきましては、目標値、当時の目標値でございますけれども、十一年度末で二十九万人分、これが十年度末で約二十八万人分でございました。その後の整備も合わせますと既にその目標は達しておるというふうに考えておりますし、同様にホームヘルパーにつきましても、新ゴールドプランの目標値、十一年度末で十七万人でございますが、十年度末段階で約十六万人弱に達しておりますので、これも現実には目標を達しておる。こういった主要なサービス基盤につきましてはおおむね順調に整備が図られてきていると思っております。

個別に見ますと、サービスの種類あるいは地域によりまして相当の差があるという面も否定はできません。それぞれの地域の御努力も必要でございますし、私どももそうした地域に対する支援に力を入れてまいりたいと思っておりますけれども、全体といたしましてはまずまず順調に整備が進められてきたと思っております。

なお、今後の話でございますが、新ゴールドプランをいわば発展的に見直しましてゴールドプラン21というのが今年度から始まります。これにつきましても、各地方公共団体が見込んでおります需要の見通し、これをベースに積み上げたものでございますので、この計画が順調に進みますように私どもも努力をしてまいりたいと考えております。

○田浦直君　それから、新聞にも時々載っておりますけれども、民間企業による営利優先の事業展開というのが見受けられるんですね。これは利用者の切り捨てとかあるいは従業員の切り捨てというふうなことであらわれているところがございます。

それから、私の聞いたところでは、認定された額いっぱいできるだけ事業者は使わせようとする、今度この認定された方の方は一割の負担があるわけですから、できるだけ使わないで家事、介護などを要求するというふうなことで、事業をやる中で営利が目的になっているんじゃないかというふうなところも見受けられるんですね。

こういうことについて、事業規制等の対応策を具体的に考えておられるのかどうか、お尋ねをしたいと思います。

○政府参考人（大塚義治君）　介護保険制度におきまして、特に在宅サービスでございますが、いわゆる民間企業の参入も求めて、一つにはサービスの基盤を広げると同時に、考え方といたしましては、質あるいは量、コストと申しましょうか、そうした面での適正な競争が行われることによって質も高まるしコストも抑えられるということをねらっているわけでございます。

施行当初でございますのでいろんな事例が生じておりまして、事業者の方にもあるいは利用者の方にもふなれな面、戸惑いがある点は全くないかと申しますと、私どもの耳にもいろいろ入ってまいりますので、私どもといたしましては、例えばさまざまな事例集、事業者に対する情報提供、あるいは利用者に対しましても、例えばインターネットを使いまして事業者を選択する際の参考情報をお届けするといったような工夫もしておりますが、私は、やはりそれぞれがいわば自立をした判断のもとに相対でよく御相談をいただいて、より適切なサービスを提供し、また受けるという一種のなれの期間がしばらく要るのだろうと思っております。

事業者に対しましては、当然のことですが、最低基準に当たります運営基準のようなものを定めておりますので、これに反するような事例につきましては当然厳しく指導しているわけでございますけれども、基本的にはそれぞれの民間活力というのを十分にいい意味で生かしていただきまして、介護保険制度の重要な部分を担う主体として御参加をいただきたいと考えておるわけでございます。

○田浦直君　時間が参りましたから、これで終わらせていただきます。ありがとうございました。

第160回国会　参議院　厚生労働委員会　第1号　平成16年8月5日

平成十六年八月五日（木曜日）
　午前十時開会

委員氏名

委員長	国井　正幸君
理事	武見　敬三君
理事	藤井　基之君
理事	辻　泰弘君
理事	森　ゆうこ君
理事	遠山　清彦君
	有村　治子君
	金田　勝年君
	田浦　直君

伊達　忠一君
中原　　爽君
朝日　俊弘君
山本　孝史君
平成十六年七月三十日右の者は本委員を辞任した。

七月三十日議長において本委員を左のとおり指名した。
金田　勝年君
国井　正幸君
坂本由紀子君
田浦　　直君
伊達　忠一君
武見　敬三君
中原　　爽君
中村　博彦君

西島　英利君
南野知恵子君
藤井　基之君
水落　敏栄君
足立　信也君
朝日　俊弘君
家西　悟君
小林　正夫君
辻　泰弘君
柳澤　光美君
柳田　稔君
山本　孝史君
蓮　舫君
草川　昭三君
遠山　清彦君

小池　晃君
福島みずほ君
同日議院において左の者を委員長に選任した。
国井　正幸君

委員の異動
八月五日
辞任
中原　爽君
補欠選任
長谷川憲正君

出席者は左のとおり。
委員長
国井　正幸君
理　事
武見　敬三君
藤井　基之君

委員

辻　　泰弘君
山本　孝史君
遠山　清彦君

金田　勝年君
坂本由紀子君
田浦　　直君
伊達　忠一君
中村　博彦君
西島　英利君
南野知恵子君
長谷川憲正君
水落　敏栄君
足立　信也君
朝日　俊弘君

家西　　悟君
小林　正夫君
柳澤　光美君
柳田　　稔君
蓮　　　舫君
草川　昭三君
小池　　晃君
福島みずほ君

国務大臣
厚生労働大臣　坂口　　力君

副大臣
厚生労働副大臣　谷畑　　孝君
厚生労働副大臣　森　　英介君

事務局側
常任委員会専門員　川邊　　新君

政府参考人
内閣官房内閣参事官
鈴木　俊彦君
国家公務員倫理審査会事務局長
平野由美子君
厚生労働大臣官房総括審議官
福井　和夫君
厚生労働省健康局長
田中　慶司君
厚生労働省医薬食品局長
阿曽沼慎司君
厚生労働省労働基準局長
青木　豊君
厚生労働省職業安定局高齢・障害者雇用対策部長
金子　順一君

厚生労働省老健局長
中村　秀一君
厚生労働省保険局長
水田　邦雄君
厚生労働省年金局長
渡辺　芳樹君
厚生労働省政策統括官
井口　直樹君
社会保険庁長官
村瀬　清司君
社会保険庁運営部長
青柳　親房君

本日の会議に付した案件
○理事選任の件
○国政調査に関する件

○政府参考人の出席要求に関する件
○社会保障及び労働問題等に関する調査
（原爆被爆者対策に関する件）
（改正年金法における法文の過誤問題に関する件）
（社会保険庁の改革に関する件）
（改正高年齢者雇用安定法の円滑な施行に向けた取組に関する件）
（年金制度一元化への取組に関する件）
（少子化対策に関する件）
（監修料及び随意契約の在り方に関する件）
（日本歯科医師連盟による政治献金問題に関する件）
○国民が安心して暮らせる年金制度確立のために、年金改革法の実施を中止することに関する請願（第一一号外八件）
○医療費負担の軽減、改悪年金法の実施中止に関する請願（第二一号）
○医療費負担の軽減に関する請願（第二三号）
○継続調査要求に関する件

○委員派遣に関する件

○田浦直君　皆さん、おはようございます。自由民主党の田浦直でございます。

今日は私、原爆被爆者行政について御質問をさせていただこうと思っております。

東京もこの数日、非常に暑い日が続きますけれども、私の地元の長崎ではもっと暑い。特に、八月九日の原爆忌などは本当に灼熱の暑さという感じがいたしております。坂口大臣には毎年御出席をいただきまして、本当に心から感謝を申し上げるところでございます。

もう原爆が落ちましてから五十九年目を迎えます。その間にいろんな課題があったわけでございますけれども、最大の課題は被爆地域の是正ということでございまして、これが一昨年、この被爆者特別区域、特例区域というものを設けていただきまして大変解決に向かって前進をしたということで、この点につきましてもお礼を申し上げたいというふうに思っておるところでございます。

この被爆者特例地区、これについて、幾つかの問題がまだ残っておるわけですけれども、まずその事業について厚生省の側から御説明をいただき、現状はどうなっておるのかということも併せて御説明をお願いをしたいと思います。

○政府参考人（田中慶司君）　御質問の事業でございますけれども、被爆地域拡大要望の基礎とするために、平成十二年四月に長崎市が中心になって取りまとめられました調査におきまして、爆心地から半径十二キロの区域内に居住している被爆体験者につきまして、まず、放射線の影響は認められないが被爆体験による精神的要因に基づきます健康影響が認められたということが報告されております。国におきましてその結果等につきまして検証、検討を進めました結果、平成十四年度に被爆体験者の健康等に関します調査研究事業として創設されたものでございます。

事業内容でございますけれども、長崎の被爆体験者につきまして一定の健康診断の対象としまして、また、爆心地から半径十二キロメーター以内に居住します被爆体験者につきまして、精神的影響に起因すると考えられます疾病に係ります医療費の助成を行っているところでございます。

○田浦直君　この事業に該当する方ですね、これは十二キロ、半径十二キロ以内、あるいはその外ですね、外においても県内と県外、この対象人員数はどうなっておりますか。

○政府参考人（田中慶司君）　御質問の事業でございますけれども、長崎の被爆体験者について一定の健康診断の対象としまして、また、爆心地から半径十二キロメーター以内に居住します被爆体験者について、精神的影響に起因すると考えられます疾病に係る医療費の助成を行っておりますけれども、その事業の実施状況、平成十六年三月末現在で健康診断に係ります受給者証の交付者総数は一万一千七百五名になっております。また、医療費助成の受給者証の交付者総数というのは九千三十三名というふうになっているところでございます。

一応、以上でございますが。

○田浦直君　その十二キロ内に居住する人、それから十二キロ外に居住する人の中でも、県内におる人、それから県外におる人と、こういうふうな分かれ方があるんじゃないかと思うんですね。そういうことにつきまして長崎県・市でいろんな調査をして、その報告が国の方に届いておるということを聞いておりますけれども、その内容はいかがなものか、お尋ねをいたします。

○政府参考人（田中慶司君）　お答え申し上げます。

御質問の被爆体験者の数でございますけれども、平成十六年三月末現在で、爆心地から半径十二キロメーター以内に居住する者は九千三百二十五人、それから長崎県内で半径十二キロメーター以遠に居住する者は千百五十五人、それから長崎県外に居住する者は千二百二十五人というふうに把握しているところでございます。

さらに、今回の長崎県・市の被爆体験者実態調査報告書では、長崎県内に居住する方を対象に調査を行った結果、爆心地から十二キロメーター以遠に居住する被爆体験のある住民につきましても、十二キロメーター以内に居住する被爆体験者と比較しまして、被爆体験以外の要因では説明困難な精神健康の悪化が同様に認められた、そういうような結論が示されているというふうに承知しているところでございます。
○田浦直君　そういうふうな報告書を受けて、国としてはどういうふうな取り組み方をされるのか、それをお尋ねをいたします。
○政府参考人（田中慶司君）　お答え申し上げます。
今回の調査でございますけれども、長崎県内に居住される方を対象にした調査でございまして、爆心地から居住地までの距離に限りがあるということでございます。居住要件の緩和というものがどの範囲までなら科学的合理性があるのかどうかという点について、更に専門家による検証、検討が必要ではないかというふうに今考えているところでございます。
○田浦直君　前回の、平成十二年度に設置された検討会というのがあるんですね。そこで、十二キロ内に居住しておった、被爆時にですね、方々のＰＴＳＤを調べて、そういうところからその地区を設定をしたという経過がありますね。その検討会の発足は非常にスムーズに早く行われた。しかも、長崎県の大学の被爆者の専門家の方も二人入られて、非常にいい検討会で、しかも十か月という短期間に結論を出していただいたという経過がございます。

今、局長が話になられました、専門家に聴かれるということでしたけれども、その専門家に聴かれるというのは、今の検討会と同じようなものか、あるいはまた何か違ったお考えがあられるのか、そしてどの時期ぐらいまでにその結論を出したいと思われておるのか、その辺についてお尋ねをしたいと思います。

○**政府参考人**（田中慶司君）　まだ詳細決められたわけではございません、今後の検討課題だと思っておりますけれども、委員としましては、当然、精神保健、精神医学の専門家のほか、心身医療というようなことに関しても造詣の深い方、あるいは疫学の先生とかいうようなことも是非御意見を伺わなくてはいけないんじゃないかなというふうに思っているところでございます。

あと、期限でございますけれども、いついつまでというふうにここで申し上げられないんでございますけれども、なるべく早く結論をいただくべく努力、お願いをしていきたいというふうに思っております。

○田浦直君　ちょっと分かりにくいのは、前回に設けられたような検討会のようなものを作られるのかどうか、専門家に聴くというのはそういう意味なのか。それから、そのメンバーの中に、もしそういう会を作られるということであれば、長崎の地元の方を私は是非入れていただきたいと思うんですが、その件についていかがでしょうか。

○政府参考人（田中慶司君）　繰り返しになりますが、詳細はまだ確定したわけではございません。検討会は設けたいというふうに考えているところでございます。

　あと、地元の方という先生の御指摘でございますけれども、是非その辺も判断、よく考えに入れてメンバーを選択したいというふうに考えているところでございます。

○田浦直君　どうもありがとうございました。できるだけ、こういう問題あれですから、被爆者はもう高齢化してどんどん亡くなってきておるわけなんですので、是非早く結論を出していただきたいなというふうに思っておるところでございます。

　それから、坂口大臣にお尋ねしたいと思うんですけれども、この七月の二十七日に閣議の後の記者会見でこの問題について触れられておられるわけです。八月九日の地元に行くまでには何らかの考え方をまとめておきたいという発言もされておられるわけですね。

私も新聞なんかでその発言を見ますと、一応、十二キロの外であって、しかも県内に居住されている方については同じような適用をしよう、しかし、全国に散らばっているような方についてはちょっと無理じゃないかなというようなお話をされたと聞いておりますが、その件についてもう一度確認をいたしたいと思いますが、そのようなことでよろしゅうございますか。

○国務大臣（坂口力君）　長崎の被爆者の皆さん方に対する問題でございますが、十二キロ以内にというこの居住要件が今のところあるわけでございます。ＰＴＳＤによります、基づきますところのグループの皆さんでございますが。

方向性としては、それを地元でいろいろと検討もしていただいて、その結果もお出しをいただいておりますしいたしますので、緩和の方向で検討したいというふうには思っているわけでございますが、現在出されておりますその検討の結果は、それは県内にお住まいの皆さん方を対象にしたものでございますので、現在おやりをいただいております内容を中心に考えるならば、これは県内ということになるのではないかというふうに思っております。

しかし、そのことにつきましても、先ほどから出ておりますように、専門家の検討会、多分私は検討会作るんだと思うんですね。特定の人を一人か二人、その意見を聴いて決めるということでは決してない。やはり検討会作って、そしてその中でその結論を皆さん方の御意見の合意を得て決定していくということになるんだというふうに思いますが、その専門家の中でそれを検討、もう一度検討をしていただくということがやっぱり大事になってくる。その検討結果が、これはやはり対象が県内だから、県外まで広げるというようなことならばもう一遍やり直すべきだというような御意見が出るのか。あるいは、それは県内でも県外でもこれは一緒だという結論になるのか。そこは御専門の先生方のいろいろの御意見をお聴きをしないとそれは少し分からないというふうに私は思っております。

いずれにいたしましても、よくその点は議論をし、そして今御提案にありました地元の皆さん方の代表にも、それが市長さんなのかどなたになるか分かりませんけれども、それはお入りをいただいて、そしてその中で地元としての御議論もいただくということになるのではないかと考えております。

○**田浦直君**　大臣が一応、十二キロ外であっても県内はまあ緩和していこうと、同じように認めていこうという方針を出されたということで、長崎県としてはこれは大変な一歩前進だということでとらえておるわけなんですね。しかし、五十九年たつわけですから、当時被爆した方も全国に散らばっておるわけですね。その全国に散らばっている方々にも同じように適用してほしいということについては、長崎県・市からも前から恐らくお願いが来ていると思うんですよね。

そのときに、去年の原爆忌のときだったと私は思いますが、坂口大臣が一応長崎県内でそういう調査をやったらどうかという御意見を述べられたということを聞いておるんですけれども、だから、その時点で恐らく長崎県・市側も、それでもって全国のも判断をされるんじゃないかというふうにとらえておったんじゃないかと思うんですね。

それで、今話しましたように、大臣の記者会見の席で、全国というのはちょっと無理じゃないかという御発言をされたということにはちょっと驚いておるという面もあるわけですので、是非その辺を酌んでいただいて、早めに認めていただくような方向で進めていただきたいなと思うわけでございます。その記者会見の席で坂口大臣は、地元の要望はできるだけお聞きしたいけれども、財政的な問題があって、ちょっともう少し考えなければならないというような発言をされておられるんですね。私は、そこはちょっといかがなものかなという思いがするんですね。

まず、事務局の方にお尋ねしますけれども、これに伴います予算はどういうふうになるのか、どのくらいの負担になるのか、その辺をお示しをしていただきたいと思います。

○国務大臣（坂口力君）　誤解があるといけませんので一言だけ先へ申し上げさせていただきますが、私があのときに申し上げましたのは、現在既に受けていただいている皆さん方の問題でございまして、予定をいたしておりました財政的なその額、財政上の額がかなり大幅に増加をしているというようなこともあって、今既に実施をしていただいている皆さん方の問題につきましても、どうするかといったことが議論をしていただかなきゃならないかもしれない。

と申しますのは、これは、ＰＴＳＤの基準から見てこの病気は妥当だと言われるものについてそれは認定をすると申しますか、その方については医療費を出すという仕組みになっているわけでございますが、九九・九％オーケーということに現実問題としてはなっている。最初は半分ぐらいかなというふうに思っていたんですけれども、半分では決してなかったということでございまして、そうしたことも、基準の在り方みたいなものも、財政といいますよりも基準の在り方というものもこれから今後またお話合いをさせていただかなきゃならないということを申し上げたわけでありまして、これからの問題についてそれが云々、財政的に云々ということを申し上げたわけではございません。

○政府参考人（田中慶司君）　まず実績、予算上の実績でございますけれども、十五年度の医療費助成額は執行額にしまして十三億四千万円ということになっております。これが長崎県内に拡大したらどうなるかということにつきましては、実際の数字、どうなるかということ分かりませんけれども、千人程度もし増えるとしますと、十五億足らずというふうに推測されるということでございます。

○田浦直君　私どもの県・市も予想しとった以上にその健康診断を受ける方が多くて、その中で、高齢化の時代ですから病気を持っている方も非常に多いということで、予算がオーバーしたというお話は私も分かるわけでございますけれども、これがもう、これは一年ごとに年を取っていくわけですから病気が良くなるあるいは減るということはあり得ないわけですので、是非そういうふうな取組方で今後もお願いを申し上げたいと思っているわけでございます。

今、坂口大臣が九九・九％の病気は大体その中に入っていると言われましたけれども、私は、例えば外傷だとかあるいは歯科の病気とか、そういうものは原爆あるいはＰＴＳＤと直接関係あるとは思いませんけれども、例えば、この中でがんですね、がんは外されているんですよね。がんはＰＴＳＤと直接的には関係がないかもしれませんけれども、その原因というか素因になる可能性はあるんじゃないかなと私は思っているんですね。例えば、昔は胃潰瘍になるのはストレスで胃潰瘍になるとかあるいは胃がんになるとか、そういうことを言われとったわけでございまして、やはりそういう関連性がこの、ＰＴＳＤだからがんは関係ないんだというのはちょっと私は賛成できないんで、この点も、今日はこの問題触れませんけれども、検討をしてもらいたいなというふうに思っておるわけでございます。

それで、今、局長から話がございましたけれども、県内の十二キロ外に拡大した場合、おおよそプラスになるのは一億五千万ぐらい、あるいは全国も入れても三億ぐらいという予算じゃないかなと思うんですね。この見積りですけれどもですね。だから、県内を認めるということであれば、あと一億五千万ぐらいで全国それが適用できるわけですので、そんな大した金額ではないと思うんですね。実際に被爆者というのは今もう毎年千六百人ぐらい平均で亡くなっておられるんですよね。その手当というのはまあ大体八億ぐらいはあると思うので、財政的にということであればそれは十分にかなうわけでございますからですね。

是非そういう意味からも、全国の被爆者、恐らく被爆当時はその十二キロの同じ家に住んでおられても、ばらばらになって、そこに住んでいる人もおるし、佐賀県におる人もおるし、福岡県におる人もおると思うんですよね。同じやっぱり被爆体験者ですからですね、それを居住地で、この人は認める、この人は認めないというのは、やっぱり不公平感を被爆体験者は抱くだろうと私も思うんですね。

これはまたどうしても後まで問題として残るので、是非検討をしていただいて、早急にいい方向で決定をしていただきたいなというふうに思いますけれども、これは坂口大臣に、最後になりますけれども、ひとつこの問題についての取組方、御見解などをお聞きいたしまして、私の質問を終わらせていただきたいと思います。よろしくお願いをいたします。

○国務大臣（坂口力君）　田浦議員の御心情は私も理解できるところでございますが、ここはやはり科学的な根拠に基づいてやらないといけないというふうに思っております。したがいまして、過去のＰＴＳＤのときにもそうでございましたが、科学的根拠をどこに求めて、その基準でどうしていくかというその一点からずっとやってきているわけでございます。

したがいまして、この十二キロを拡大をする問題にいたしましても、それはＰＴＳＤの考え方でいけば、基準にして考えれば、それは現在どこまでするのが科学的に妥当かというようなことをよく検討をした上で、これは結論を出させていただくということになるというふうに私は思っております。

したがいまして、そうした検討会におきまして、国の方におきましても、地元でおやりになりましたそのデータ等も拝見をして、そしてその妥当性をよく見極めて決定をさせていただきたいというふうに思っているところでございます。

―――――

八十路を越えて米寿になって

編集部　いままでの人生を振り返られて、どのような気持ちをお持ちですか？

田浦　直（以下田浦）　そうですね。いろんなことがありましたけれども、まあいい人生ではあったと思いますね。とても苦労したこともあるし、筆舌に耐えないようなこともありましたけどもね。

特に若いころ命にかかわる大病をしたときは辛かったし、もう本当に死を覚悟していました。しかし本文で書いていますが、例のお見舞いの一件で私の中に生への強い衝動が生まれたことは確かで、それが死の淵を乗り越えたきっかけになりました。ひょっとすると神様が私を生かそうと考えて、あの方をお見舞いにつかわしたのかもしれないと思ったりします。

編集部　田浦さんが信じるのはどんな神様なんですか？

田浦　いやいや言葉の綾です。私はむしろ無神論者ですよ。

編集部　田浦さんの人生には大きな分かれ道もありましたね。

田浦　目の前の分岐点を前にして、さて自分はどちらに進んだらいいんだろうかと迷ったことが何度もありました。例えば医者と政治家のどちらを選ぶのか、これは大きな選択でした。医者を続けていればあのまま私は原爆病院の院長に間違いなくなっていたんですね。もう一方は政治の方ですね。さあどっちを選ぶかという二股の道です。結局私は政治の方を採ったんだけども、果たしてどちらが良かったのか、実は今でも分からないんです。しかし選んだ道に後悔はありません。満足しています。

参議院議員を辞めると公表したら自民党から強く慰留されました。次の参議院議員選挙でも「田浦なら必ず上がるとの調査結果が出ているんだから続投してくれ」と言うんですね。でも私は議員を辞職する道を選びました。

伊藤一長長崎市長が暴漢に襲われて亡くなったときも、市長選挙に出馬か否かの選択を迫られました。その時も必ず当選するからと自民党から言われましたが、私は政治家を辞めるという自分の意思の方を選びました。「市長の椅子を用意する」と言うのを断るんだから、おそらく他の政治家には信じられない話だと思います。ただ市長になっていたらまったく違う人生に向かっていたんでしょうね。でも私は七十歳で政治の世界から離れて大好きな文学と囲碁の方に没頭しました。私はこれでよかったと思っています。

編集部　ご自分の人生を俯瞰したとき、いまどの段階にいると思われますか？

田浦　もう最終的な局面です。どういう風に人生から去りゆくかということを考えています。私は若いころから歌人の西行の生き方に共鳴しているんです。

編集部　共鳴といいますと？

田浦　西行は親友の急死に人生の無常を感じて「北面の武士」というエリートコースから自ら外れました。二十三歳で出家して以後放浪しながら多くの歌を残しました。悩みながらも自分の思うままに生きて「ねがわくば　花のもとにて　春死なん　その如月の　望月のころ」というご自身の歌のとおりに亡くなられた。本当に見事だと思います。私もやりたいことをやって去り行きたいと思っています。

編集部　このインタビューを始めるまえ田浦さんは「もう観念している。だから常にニコニコしていたい」と仰っていましたが、あれはどのようなお気持ちからですか？

田浦　じつは私は今年（二〇二四年）二月にガンを告知されたんです。検診の結果をかかりつけ医に見てもらったんですが、その数値を見た医師がびっくりしたような顔をして慌てて大学病院に電話したんです。さっそく大学病院に行ってエコー検査をしてもらいました。その結果「これは大腸がんです。肝臓にも転移しています」とはっきり言われました。そして「年齢から言って手術による根治治療は難しいので抗がん剤で治療します」とのことでした。

それを聞いても私はショックでも何でもありませんでした。もう寿命なんだと受け入れました。自分の最期はこういう形で来たんだなと思いました。

告知されて私は「がんであること、そして抗がん剤治療を始めることも了解しました。

ただし副作用が強かったら治療をやめます」と医師に話しました。そうして抗がん剤を飲み始めたのですが、これが効いたようで、肝臓にあった最初のがんはほとんど消えて、次第に体重が増えて食欲も出てきたんです。私は医師に「この八カ月間、非常に気持ちよく生かしてもらっております。ありがとうございます」とお礼を言いました。ただ肝臓の違うところに新しいがんが出来ているそうですが、抗がん剤が効かないようだったら、もう仕方がないと観念しております。

編集部　観念ですか。

田浦　もう人生の最終場面ですからね。草花が枯れるように、私も最期は枯れるように、この世から去りゆきたいと願っています。

おわりに

小、中、高校、大学、そして医師になってからも長崎市を離れたことがなく海外留学や大都市の生活の経験もなく、井の中の蛙のように長崎市で生まれ育った私。

それゆえ参議院議員になって東京が職場となっても長崎からの単身赴任のような生活を送っていました。ふだん話す言葉でも全く東京ということを意識したことはありません。地方出身の参議院議員から先生は長崎弁そのままだから気が楽でしょうと羨ましがられたり冷やかされたりしたこともあります。本会議で委員会報告をした時、長崎出身のプロレスラーの大仁田厚参議院議員が飛んで来て、先生長崎弁丸出しでしたねと嬉しそうに言われてびっくりしました。

十二年間参議院議員として東京にいたのだから何らかの足跡を残したいと考え、国会の中に囲碁文化議員連盟を作ったこと、東海道五十三次を踏破したことなど楽しい思い出もあります。(詳細については、第一部二「文学青年」、三「囲碁交遊」に詳しい)

長崎―東京間の飛行機には千回以上乗りました。私は落語が好きなので飛行中イヤホンでそれを聞くといつも眠りに落ちて疲労を取るのに良い時間でした。飛行機事故のニュースに接した時、この飛行機が落ちれば私の名前は大々的に報道されるだろうなと思い、それが一番の死に場所かもと本気で考えたりしました。
三十数年の政治生活を振り返って、政界で大成しようと思えば私のように井の中の蛙人間でなく、若くして東京や世界を体験し、視野の広い人間になることが必要だということが分かった気がします。ただ私のように地元の課題を国政の場で取り上げ、地元の活性化に尽力する国会議員がいてもいいのではないかと思います。
最後に、
文学青年の夢だった長編小説に七十五歳で初めて挑戦、四年かけて原稿用紙四百五十枚の小説『ルブルム先生奮戦記』を書きあげました。
二、三の読者からルブルム先生がその後どうなったのか続編を読みたい、という嬉しい声もいただきましたが、この『八十路を越えて』がその役割を少しでも果たしてくれればありがたいと思います。

八十路越え　米寿の坂で　息が切れ　　直

おわり

著者略歴

◆田浦　直（たうら　ただし）

1937年佐世保市生まれ。８歳の時に長崎市で被爆。県立長崎西高校、長崎大学医学部を卒業。長崎原爆病院皮膚科部長、長崎市医師会、長崎県医師会の理事などを歴任。長崎県議会議員（５期）、参議院議員（２期）。1982年～2023年まで長崎ペンクラブ会長および文芸誌「ら・めえる」発行人。現在、社会福祉法人橘会理事長、NPO法人長崎こども囲碁普及会理事長。

著書に『ルブルム先生 喜怒哀楽』、『五回も勝ちました』、『ただもくもくと』、『ルブルム先生 奮戦記』など。

八十路を越えて

発　行　日	2025年３月３日　初版　第１刷発行
著　　　者	田浦　直
発　行　人	片山 仁志
編　集　人	山本 正興
発　行　所	株式会社　長崎文献社 〒850-0057　長崎市大黒町 3-1　長崎交通産業ビル５階 TEL：095-823-5247　FAX：095-823-5252 本書をお読みになったご意見・ご感想を 下記URLまたは右記QRコードよりお寄せください。 ホームページ　https://www.e-bunken.com
印　刷　所	日本紙工印刷株式会社

ISBN978-4-88851-420-0 C0095